Amy E. Dean
Wo ist die Frau, die mich geboren hat?

Amy E. Dean

Wo ist die Frau, die mich geboren hat?

Eine Adoptierte auf der Suche
nach ihrer Herkunft
Mit einem Nachwort von
Gunthard Weber

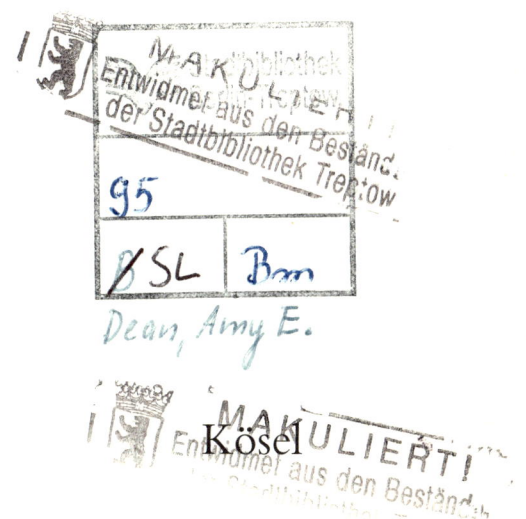
Kösel

Übersetzung aus dem Amerikanischen
von Rosemarie Altmann, Mainburg.
Die Originalausgabe erschien unter dem Titel
»Letters to My Birthmother. An Adoptee's Diary
of Her Search for Her Identity« bei Pharos Books,
New York.

ISBN 3-466-30380-X
Copyright © 1991 by Amy E. Dean
© 1995 by Kösel-Verlag GmbH & Co., München
Printed in Germany. Alle Rechte vorbehalten
Druck und Bindung: Kösel, Kempten
Umschlag: Kaselow Design, München
Umschlagfoto: Mauritius/Superstock

1 2 3 4 5 · 99 98 97 96 95

*Gedruckt auf umweltfreundlich hergestelltem
Werkdruckpapier (säurefrei und chlorfrei gebleicht)*

Dieses Buch ist all denen gewidmet,
die adoptiert wurden.

Lesen Sie dieses Buch,
und Sie werden mein Leben
kennenlernen,
meine Erfahrungen
und meine Erinnerungen.

Patricia Hampl, Rezensentin von Memoiren

Inhalt

Vorwort

Als ich 31 Jahre alt war, begann ich über die Agentur, die, als ich ein paar Tage alt war, meine Adoption vermittelt und damit über mein weiteres Leben bestimmt hatte, nach meiner wahren Mutter zu suchen.

Die Suche war relativ einfach. Nach kaum drei Monaten konnte ich mich bereits am Telefon mit meiner leiblichen Mutter unterhalten. Was aber nicht so einfach war, war mit meinen Gefühlen in dieser ganzen Zeit umzugehen, daß ich sie gefunden hatte. Ich frage mich selbst: Warum begann ich überhaupt, nach ihr zu suchen? Was hoffte ich zu finden? Was wollte ich eigentlich von ihr? Welche Gefühle hatte ich ihr gegenüber? Konnte ich mir irgendeine gemeinsame Zukunft vorstellen?

Diese Briefe sind mein Versuch, mich mit den verwirrenden und widersprüchlichen Gefühlen und Gedanken auseinanderzusetzen, die ich in dieser Zeit hatte, seit ich meine leibliche Mutter gefunden habe. Sie drücken meine Gefühle aus, die ich als adoptiertes Kind habe, aber auch meine Gefühle, meine Wurzeln gefunden zu haben.

Diese Briefe an meine leibliche Mutter, die mich zur Adoption freigegeben hat, wurden nie abgeschickt.

Dieses Buch habe ich geschrieben, um vier wichtige Bedürfnisse von Adoptierten zu erfüllen.

In erster Linie werden in diesem Buch einige Besonderheiten von Adoptierten genannt und ihr Stellenwert bestimmt. Über diese Personengruppe wurden in den USA bereits viele Bücher veröffentlicht, und sie wird von vielen Organisationen unterstützt. Trotzdem ist man sich bis jetzt immer noch nicht voll im klaren über die speziellen Umstände und die spezifischen Probleme, die sich die Adoptiveltern, Freunde und Lebenspartner, Lehrer, Mitglieder der Gemeinde oder sogar die Adoptierten selbst selten deutlich gemacht oder voll verstanden haben. Eine Adoption hat großen Einfluß auf die adoptierten Kinder, ob sie in einer intakten Familie aufwachsen und »wie eigene Kinder« behandelt werden oder nicht. Adoptierten macht es sehr zu schaffen, daß sie adoptiert wurden, und sie verhalten sich anders, denken und empfinden anders als andere, die nicht adoptiert wurden.

In diesem Buch werden die Gedanken, Gefühle und Verhaltensmuster erwähnt, die ich selbst als adoptiertes Kind oft in meinem Leben hatte. Viele andere Adoptierte werden einige oder alle diese Erfahrungen vielleicht auch gemacht haben, weil sie meist nur *Reaktionen* auf die Tatsache sind, daß man adoptiert wurde:

- *Verlust* der Herkunftsfamilie, der Identität der Geburt und der wahren Wurzeln,

- *Verletzbarkeit* bei späteren Verlusten oder Enttäuschungen im Leben und eine höhere Sensibilität für Zurückweisungen und Verlassenwerden,
- *Schwierigkeiten mit der Identität* als Ergebnis von mehreren Ursachen: der Konflikt der doppelten Identität, sowohl ein leibliches Kind als auch ein Adoptivkind zu sein, den Adoptiveltern nicht ähnlich zu sehen, ein geringeres Selbstwertgefühl zu haben, weil man ein »unerwünschtes« Kind ist oder sich wie »Sperrmüll« fühlt, das Gefühl zu haben, immer als Kind und nie als Erwachsener gesehen zu werden, weil rechtliche Einschränkungen und Adoptionsstellen einen immer als adoptiertes Kind bevormunden, selbst wenn das »Kind« schon längst erwachsen ist,
- *Machtlosigkeit* in bezug auf die Umstände der Adoption,
- *das Bedürfnis, mehr zu wissen*, die psychologische Notwendigkeit, die Geheimnisse um die Adoption zu ergründen, die medizinische Notwendigkeit, mehr Hintergründe über die genetischen Bedingungen von Krankheiten, die physische Konstitution und die Lebenserwartung zu bekommen, und das allgemeine Bedürfnis, mehr über die persönliche Abstammung wissen zu wollen,
- *anhaltende Trauer* über den Verlust der leiblichen Eltern,
- *Angst*, geliebt oder nicht geliebt zu werden, Angst vor Trennung, Zurückweisung oder Ver-

11

lusten, Angst, die leiblichen Eltern nicht finden zu können, bevor sie gestorben sind.

In der folgenden Aufstellung habe ich aufgezählt, was ich selbst erlebt habe und teilweise als Auswirkung der Adoption *immer noch erlebe*. Ich erwähne diese Gedanken und Gefühle hier, um denjenigen Lesern, die selbst adoptiert wurden, Mut zu machen, darüber nachzudenken, wie sehr die eigene Adoption viele Lebensbereiche beeinflußt hat, und um anderen, die keine Adoptivkinder sind, zu helfen, Adoptierte besser zu verstehen. Adoptierte werden einige, viele oder die meisten ihrer Erfahrungen hier wiederfinden. Wenn Sie selbst adoptiert wurden, möchte ich Sie aber auch ermutigen, über Ihre eigenen Gefühle, Gedanken und Verhaltensweisen nachzudenken.*

- Manchmal habe ich das Gefühl, nie »erwachsen« geworden zu sein.
- Ich bin sehr hellhörig, was Geheimnisse und vertrauliche Informationen anbelangt.
- Ich fühle mich anders als andere Leute, vor allem fühle ich mich mißverstanden.
- Für mich ist es sehr wichtig, bei anderen beliebt zu sein.

*Wuchs man in einer Familie auf, in der es Verhaltensauffälligkeiten wie Alkoholismus, Drogenprobleme, chronische Krankheiten, Psychoterror oder sexuellen Mißbrauch gab, wird man in dieser Aufzählung auch viele Ähnlichkeiten er-

- Ich reagiere oft zu stark auf Veränderungen in meinem Leben, auf die ich keinen Einfluß habe.
- Ich bin sehr sensibel für die Bedürfnisse anderer Menschen und will immer beliebt sein.
- Ich habe oft chaotische, verworrene oder extreme Gefühle, wenn es um Liebe und/oder intime Beziehungen geht.
- Ich fürchte mich vor Trennungen, Zurückweisungen und davor, verlassen zu werden.
- Manchmal mache ich mir Vorwürfe, an etwas schuld zu sein, wofür ich gar nichts kann.
- Jeder Verlust macht mich sehr traurig.
- Von mir selbst und anderen verlange ich meist, perfekt zu sein.
- Ich bin oft ohne ersichtlichen Grund traurig, zornig oder frustriert.
- Ich verbringe viel Zeit damit, an meine Adoption zu denken oder die wahren Umstände der Adoption zu ergründen.

kennen. Untersucht man jedoch die persönlichen Reaktionen von Leuten, die in Familien mit solchen Erscheinungen aufgewachsen sind, kann man feststellen, daß sich bei Adoptierten *die Häufigkeit und das Zusammenwirken* dieser Gedanken, Gefühle und Verhaltensweisen viel stärker ausgewirkt hat. Ich selbst stamme aus einer Familie, in der einige dieser Verhaltensauffälligkeiten vorhanden waren, und zudem war ich adoptiert. Für mich persönlich war das Bewußtsein, adoptiert zu sein, viel schwerwiegender als die Tatsache, daß noch einiges andere in der Familie nicht in Ordnung war.

Außerdem habe ich dieses Buch geschrieben, um denen zu helfen, die mit Adoption zu tun haben oder sich mit Adoptierten befassen, damit sie die ungeheuren Konsequenzen, die eine Adoption bedeutet, besser verstehen. Wie im Leitartikel »The Baby Chase« in der *Time* vom 9. Oktober 1989 zu lesen war, »sind zwei Prozent aller Bürger der Vereinigten Staaten Adoptierte. Schätzungen zufolge machen sie jedoch ein Viertel aller Patienten aus, die in psychologischer Behandlung sind.«

Bis jetzt wurden die Bedürfnisse von Adoptierten und das volle Ausmaß einer Adoption meist noch nicht voll erkannt, weder von den Mitgliedern der helfenden Stellen noch von den eigenen Familienmitgliedern.

All jenen Lesern dieses Buches, die nicht adoptiert sind, kann es, so hoffe ich, dabei helfen, mehr Verständnis dafür zu bekommen, was es heißt, als adoptiertes Kind aufzuwachsen, und die Gefühle, Gedanken und Verhaltensweisen von Adoptierten im Bekanntenkreis besser verstehen zu lernen.

Drittens habe ich dieses Buch geschrieben, um Adoptierten und denen, die sich um sie kümmern, Mut zu machen, mit anderen mit ähnlichen Erfahrungen ins Gespräch zu kommen, um Erfahrungen auszutauschen, über Gefühle zu reden und sich gegenseitig emotional unterstützen zu können.

Jedem von uns, unabhängig von allen persönlichen Bedürfnissen und Hintergründen, kann es guttun, mit anderen mit ähnlichen Erfahrungen ins Gespräch zu kommen. Es ist unschätzbar wichtig, sich selbst in anderen wiederzuerkennen, um sich nicht allein zu fühlen, und andere zu haben, die einem selbst helfen können, eigene Schwierigkeiten zu überwinden, die aus ähnlichen Situationen entstanden sind.

Ich glaube, daß es gerade für Adoptierte wichtig ist – ganz egal, wie alt sie sind, welches kulturelle Umfeld sie haben und welche speziellen Umstände zur Adoption geführt haben –, sich mit anderen Adoptierten auszutauschen. Es ist auch wichtig für alle, die mit Adoptierten zu tun haben – die leiblichen Eltern, die Adoptiveltern, Pflegeeltern, Ehegatten oder Lebenspartner, Freunde, Sachbearbeiter für Adoptionen, Lehrer, Mediziner und Therapeuten –, mit jenen in Kontakt zu sein, die über die Problematik Bescheid wissen, die sich um Adoptierte kümmern oder jemanden in ihrem persönlichen Umfeld haben, der adoptiert wurde.

Vielleicht wollen Sie sich auch einer Selbsthilfegruppe anschließen oder selbst eine ins Leben rufen. Der American Adoption Congress (Cherokee Station, P.O. Box 20137, New York, NY 10028-0051) hat die nationale Schirmherrschaft für die Unterstützung und die Erforschung von Selbsthilfegruppen in allen Teilen des Landes. Dort erhalten Sie Informationen über Gruppen in Ihrer Nähe, oder dort wird Ihnen auch geholfen, wenn Sie selbst eine Selbsthilfegruppe gründen wollen.*

Wenn Sie selbst adoptiert sind, aber nicht in eine Gruppe gehen wollen, kann ich Sie nur dazu ermutigen, mit anderen Erfahrungen auszutauschen, die auch adoptiert wurden, um mit ihnen über Ihre Gefühle zu reden.

Schließlich wurde dieses Buch auch deswegen verfaßt, um eines der Grundrechte eines Adoptierten zu erfüllen: das Recht darauf, seine wahre Herkunft zu kennen. Ich glaube, daß jedem adoptierten Kind zugestanden werden muß, sich zu entscheiden, nach seinen leiblichen Eltern zu suchen, wenn es erwachsen ist, ganz egal, ob die Suche letztendlich positiv ausgeht und Erfahrungen bringt, über die man sich freuen kann, oder ob sie schmerzhaft und unerfreulich ist.

Die Gründe, weshalb sich Adoptierte entschließen, auf die Suche nach ihren leiblichen Eltern zu gehen, sind so unterschiedlich wie die Personen selbst. Adoptierte können aus warmherzigen, intakten Adoptivfamilien stammen, aber auch aus

*Eine vergleichbare überregionale Einrichtung gibt es auch in Deutschland: Die Gemeinsame Zentrale Adoptionsstelle (GZA), Kaiser-Wilhelm-Str. 100, 20355 Hamburg, hilft örtlichen Adoptionsvermittlungsstellen, freien Verbänden und Einzelpersonen in Grundsatzfragen wie auch in schwierigen Einzelfällen.

kalten, abweisenden. Diejenigen, die suchen, können berühmt oder unbekannt sein. Sie können selbst schon Eltern sein oder als Singles leben. Sie können jung oder alt, männlich oder weiblich, reich oder arm sein.

Aber gemeinsam ist ihnen allen, daß der eigentliche Grund für die Suche immer ganz einfach ist: Sie wurden adoptiert, und sie wollen herausfinden, warum sie zur Adoption freigegeben wurden.

Allgemein nimmt man an, daß die Gründe für die Suche nach den leiblichen Eltern sehr persönlich sind und daß die Suche erst nach Jahren vorsichtiger Überlegungen aufgenommen wird. Deshalb sollte diese Suche auch nicht durch juristische Einschränkungen oder durch Vorurteile der Adoptiveltern behindert werden.

Man sollte keine Kinder in diese Welt setzen, um sie für den Rest ihres Lebens in Geheimnissen zu ertränken. Einem erwachsenen Adoptivkind sollte man nie die Möglichkeit verweigern, nach seinen eigenen Wurzeln zu suchen.

Dank

Danken möchte ich Bonnie Broe für ihre therapeutische Unterstützung bei allem, was mit Adoption zu tun hat, und für ihre Sensibilität, mir dabei zu helfen, meine eigenen Erfahrungen zu machen und mit den Verlusten in meinem Leben umzugehen.

Danken möchte ich Jeanie Lindquist, einer Freundin und selbst Adoptierten, die mir half, vieles, was mit der Adoption und der Suche nach den leiblichen Eltern zusammenhängt, zu verstehen.

Danken möchte ich auch Deborah Eaton, einer verständnisvollen Freundin, die mir einfühlsam während des Schreibens dieses Buches geholfen hat und mir immer wieder Selbstvertrauen gab und mich ermutigte, weil sie mir gezeigt hat, daß ich nicht nur adoptiert, sondern auch eine Autorin bin.

Und danken möchte ich schließlich Bruce und Sonja Dean, die verstanden haben, warum ich dieses Buch schreiben mußte, damit ich »mit meiner Vergangenheit aufräumen« konnte.

Anmerkung der Verfasserin

Obwohl sich dieses Buch mit meiner eigenen Geschichte als Adoptierte und der Suche nach meiner leiblichen Mutter beschäftigt, wollte ich die Privatsphäre anderer Menschen schützen. Alle Personen, die in diesem Buch genannt werden – mein Adoptivvater, meine Mutter Sonja, meine Pflegeeltern, der Sachbearbeiter der Adoptionsstelle, der meinen Fall bearbeitet hat, und natürlich meine leibliche Mutter, wurden darüber informiert, daß ich dieses Buch schreiben und auch veröffentlichen wollte. Ich habe ihnen die Möglichkeit gegeben, ihre wirklichen Namen zu ändern und/oder die genannten Sachverhalte zu überprüfen und ihnen die Wahl gelassen, anonym zu bleiben, wenn sie es wollten.

Die Namen meiner leiblichen Mutter, ihrer Tochter, ihres Ehemanns und der Stadt, in der sie leben, wurden auf ihren Wunsch hin abgeändert. Alle übrigen Namen und Sachverhalte entsprechen der Realität.

Einleitung

Wenn ein Kind adoptiert, unehelich geboren oder als Pflegekind angenommen wurde oder aus einer Familie mit gestörten Familienbeziehungen stammt, wird dieses Kind oft traurig sein, weil es keine normale Kindheit gekannt hat. Jedes Kind wird auf spezielle Weise von diesem Verlust geprägt und immer wieder nach den Ursachen dafür suchen.

Adoptierte Kinder wachsen oft damit auf, sich selbst dann Fragen nach diesem Verlust zu stellen, wenn sie von Adoptiveltern erzogen werden, die sie lieben und behutsam erziehen. Zu diesen Fragen gehören:

»Warum hat man mich weggegeben?«

»War ich so schlimm, daß meine Mutter oder mein Vater es nicht ertrugen, mit mir zu leben?«

»Wer waren die Leute, die mich weggegeben haben?«

»Bin ich diesen Leuten ähnlich?«

Bei adoptierten Kindern ist das natürlichste Verhältnis auf dieser Welt – das zwischen Eltern und Kindern, die sie gezeugt haben – zerstört worden. Adoptierte Kinder betrauern oft diesen Verlust, nicht mit ihren natürlichen Eltern aufwachsen zu können, obwohl sie wahrscheinlich nie verstehen werden, was sie eigentlich vermissen, wenn sie nicht in ihrer natürlichen Familie aufgewachsen sind. Es ist gerade dieses »Nicht-wissen-Können«, das ihnen beim Erwachsenwerden, in ihrer Selbsteinschätzung und in ihrem Selbstvertrauen Probleme bereiten kann. Was sie vermissen, weil sie nicht in ihrer natürlichen Familie aufgewachsen sind, kann bei den Kindern zum Verlust der Ungezwungenheit, zu einem Gefühl von Leere und zu Unsicherheit führen, was das ganze Leben andauern kann, bis sie sich dazu entschließen, ihren Problemen auf den Grund zu gehen.

Sind Kinder adoptiert worden, werden sie ähnliche Kämpfe wie Amy auszutragen haben und wie sie versuchen, herauszufinden, wen und was sie verloren haben. Obwohl man ihr und anderen Adoptierten oft genug zu verstehen gegeben hat, daß sie auch sehr gut allein leben können, sollten Adoptierte versuchen, sich mit dem verwirrenden Dilemma auseinanderzusetzen, ihre Trauer über den Verlust der natürlichen Beziehungen zu ihren biologischen Eltern zu lösen, aber gleichzeitig nicht auch versuchen, ihr ganzes Leben umzukrempeln und zufrieden sein mit dem, was sie statt dessen haben, anstatt immer mit dem Schicksal zu hadern für das, was sie alles *nicht* bekommen haben.

Amy hat, wie Sie sehen werden, auf die vielen Fragen ihrer Kindheit als Erwachsene eine Antwort gefunden, als sie ihre leibliche Mutter suchte und schließlich fand. Für Amy war es sehr wichtig, diese Fragen zu stellen und genauso wichtig, über die Antworten nachzudenken, denn Trauer, die nicht verarbeitet wird, wird immer so lange anhalten, bis sie schließlich bewältigt ist.

In meinem Buch *The Child That Never Was* beschreibe ich die Notwendigkeit von Erwachsenen, darüber zu trauern, daß sie aus »anderen«, das heißt gestörten Familien stammen. Ihre Trauer begann schon lange in der Vergangenheit, als sie alle Hoffnungen auf eine normale, glückliche Kindheit verloren haben. Wenn aus diesen Kindern Erwachsene mit unbewältigter Trauer geworden sind, müssen sie sich auch oft noch unsensible und unqualifizierte Bemerkungen anhören, die letztlich dazu führen, daß ihre Trauer immer unbewältigt oder unterdrückt bleibt. Dazu gehören Kommentare wie:

»Schau, was aus dir geworden ist, was kann es dir da heute noch ausmachen?«

»Das ist doch schon so lange her.«

»*So schlimm* kann es doch gar nicht gewesen sein.«

Wie ich jedoch in meinem Buch herausgestellt habe, gehört es zu den wichtigsten Dingen der Bewältigung der Trauer in der Kindheit, *sich mit dem Verlust auseinanderzusetzen und sich klar darüber zu werden, was man wirklich verloren hat.*

Amy selbst macht verschiedene Stadien von Trauer über den Verlust ihrer natürlichen Familie durch. Elisabeth Kübler-Ross hatte damit begonnen, in ihrem Buch *Interviews mit Sterbenden* über die

Macht der Trauer zu schreiben. Weil ich eine Thanatologin bin, die vor allem über den plötzlichen Tod arbeite, aber weil ich auch Trauernden helfe, die Verluste aus einer gestörten Kindheit verarbeiten, habe ich die Erkenntnisse von Elisabeth Kübler-Ross über die Trauerarbeit für mich selbst umgeschrieben. Dazu gehören:

- Verleugnung und Isolation (»Das ist gar nicht wirklich passiert.« »Ich bin wahrscheinlich der einzige, der sich so fühlt, deshalb ist mit mir wohl etwas nicht in Ordnung.«)
- Zorn (»Ich bin wütend darüber, was ich verloren habe.«)
- Einsamkeit und Hilflosigkeit (»Ich bin allein.« »Ich kann gar nichts tun.«)
- Ambivalenz (»Ich weiß nicht, was ich genau fühle.« »Ich bin so verwirrt.«)
- Traurigkeit (»Ich bin so unglücklich.«)
- Anpassung (»Was kann ich machen, um damit fertig zu werden?«)

Zur Trauerarbeit gehört es, daß man *alle* diese Stadien durchlebt. Aber man kann nicht jemanden von einem Punkt zum anderen zwingen, außerdem müssen diese Trauerprozesse auch nicht notwendigerweise nacheinander ablaufen, bis man das letzte Stadium, mit dem Verlust leben zu können, erreicht hat. Manchmal kann es auch vorkommen, daß man die verschiedenen Stadien schon durchlebt hat, aber die Erinnerung einen zwingt, zu früheren Stufen zurückzukehren und dieselben Erfahrungen erneut machen zu müssen.

Wenn sie Amys herzzerreißende Briefe in diesem Buch lesen, werden sie diese verschiedenen Stufen der Trauerarbeit wiederfinden. Für Amy und für alle anderen Adoptierten, die den Verlust der biologischen Eltern betrauern, ist es sehr wichtig, alle diese Stadien durchzumachen, um den Verlust letztendlich verarbeiten zu können.

Wenn man den Verlust einer Person oder einer Sache so betrauern kann, erreicht man auch immer ein Endstadium. Für Adoptierte, die sich mit ihrem »ungelösten Problem« auseinandersetzen und es betrauern wollen, kann dieses Buch eine große erste Hilfe sein. Adoptierte müssen sich nicht länger damit zufrieden geben, was sie haben. Sie haben ein Recht darauf, zu wissen, was sie nicht gehabt haben, und ihren Gefühlen darüber freien Lauf zu lassen.

Amy mußte dieses Buch schreiben, um ihre Erfahrungen auszudrücken. Das war für sie nicht nur eine therapeutische Hilfe, sondern bietet auch anderen Adoptierten und Personen, die in vielerlei Hinsicht mit ihnen umgehen, Erleichterung und Optimismus. Amy hatte den Mut, ihre Erfahrungen offen auszusprechen. Dieses Buch offenbart sowohl ihre Verletzlichkeit als auch ihre Stärken. Amy hat mich mit diesem Buch tief berührt.

Yvonne Kaye

Vor der Suche

Kinder sind wie nasser Zement. Was auch immer auf sie fällt, hinterläßt bei ihnen einen Eindruck.

Haim Ginott

Die Gesellschaft sollte erkennen, daß es einen großen Unterschied macht, als adoptiertes Kind aufzuwachsen.

Dr. Steven Nickman

15. August 1984

Liebe Frau, die meine leibliche Mutter ist,
heute ist eine heiße Sommernacht, und es ist schon spät. Ich sitze an meinem Schreibtisch, trage ein T-Shirt und Shorts und schwitze. Auch meine Finger, die den Füller halten, schwitzen, und meine Hand klebt am Papier. Alles scheint sich gegen mich verschworen zu haben und für Sie zu arbeiten, damit ich langsamer schreibe und meinen Wunsch aufhält, meinen Entschluß, den ich heute gefaßt habe, endlich in die Tat umsetzen zu können, der vielleicht die schwerwiegendste Entscheidung ist, die ich bisher in meinem ganzen Leben getroffen habe.

Heute habe ich beschlossen, Dich zu finden. Vor 30 Jahren hast Du aus Gründen, die mir nicht bekannt sind, einen anderen Entschluß gefaßt – unsere Beziehung als Mutter und Tochter zu beenden. Aber selbst heute, nach 30 Jahren, bin ich immer noch Deine Tochter und Du bist immer noch meine leibliche Mutter. An dieser Tatsache hat sich nichts geändert, obwohl Du mich zur Adoption freigegeben hast und ich als Tochter einer anderen Mutter aufgewachsen bin.

So weit zu kommen und zu beschließen, Dich zu suchen, ist mir nicht leichtgefallen. Im Gegenteil: Ich habe Jahre gebraucht, um zu überlegen, ob ich das tun sollte oder nicht, und ich habe mich immer wieder gefragt: Soll ich das wirklich? Mir kam es so vor, als hätte ich Tausende von Blättern eines riesigen Gänseblümchens abgezupft, seit ich erfahren habe, daß ich adoptiert worden bin und meine eigene Geschichte mit jemandem beginnt, der für mich immer eine geheimnisvolle Person geblieben ist. Wie jedes andere Geheimnis, das für lange Zeit nicht gelöst wird, schrie es nach Entdeckung. Ich wollte wissen, wer Du bist, wie Du aussiehst und welche Gründe Du gehabt hast, mich zur Adoption freizugeben. Jahrelang haben mich diese Fragen beschäftigt, auf die ich Antworten zu finden versucht habe. Aber jedesmal, wenn ich dachte, daß ich Dich gerne finden würde, sagte ich dann doch zu mir selbst: »Vielleicht lieber doch nicht.«

Weil es vielleicht Probleme verursachen könnte, für Dich, für mich und für meine Adoptiveltern.

Weil Du mich vielleicht nicht sehen wolltest.

Weil ich Dich vielleicht überhaupt nicht suchen sollte – an Adoptionsunterlagen kommt man meist nur sehr schwer heran.

Vielleicht weil es meinen Adoptiveltern zeigen würde, daß ich sie nicht lieben würde.

Weil das, was vergangen ist, auch vergangen bleiben sollte.

Weil »gute« Adoptivkinder nicht anfangen, nach ihren leiblichen Eltern zu suchen.

Weil eine 30jährige Frau, die bereits eine Mutter hat, nicht noch eine weitere Mutter braucht.

Weil es vielleicht schwer werden würde, mit der Wahrheit, die ich entdecken würde, auch umzugehen.

Aber heute habe ich mir gesagt, daß ich Dich suchen sollte, und alle Gründe dagegen zählten für mich nicht mehr. Plötzlich war es für mich viel wichtiger, mich auf die Suche nach Dir zu machen, anstatt in einem Spinnennetz von Verwirrung und Geheimnissen gefangen zu bleiben: ein Spinnennetz, das sich um mein ganzes Leben gesponnen hat, ein Netz, das mich immer wieder davon abhielt, Antworten auf Fragen zu suchen, wer ich eigentlich bin und woher ich komme. Wo wurde ich geboren? Wann wurde ich genau geboren? War es eine schwierige Geburt? Hast Du mich gesehen? Im Arm gehalten? Mich gestillt? Was habe ich gemacht? Was hast Du dabei empfunden, als Du mich gesehen hast? Hast Du mich angelächelt? Bin ich Dir ähnlich? Wer war mein Vater? Hast Du ihn geliebt? Warum hast Du mich zur Adoption freigegeben? Ist Dir dieser Entschluß schwergefallen?

Du bist die einzige, die mir über meine wahre Herkunft, meine Wurzeln, meine Vergangenheit Auskunft geben kann und mir sagen kann, wie ich geboren wurde. Dich zu finden bedeutet für mich, Antworten auf alle meine Fragen zu finden. Allein schon deshalb kann ich den Entschluß rechtfertigen, nach Dir zu suchen.

Aber überraschenderweise war es heute ein Aufkleber, der mich dazu motiviert hat, mich aus meinem Spinnennetz aus Geheimnissen und der Verwirrung darüber, adoptiert zu sein, zu befreien, um mich auf die Suche nach Dir zu machen. Auf diesem Aufkleber stand: *Adoptierte haben auch Wurzeln und Rechte.*

Als ich einige Meilen hinter dem Auto mit diesem Aufkleber herfuhr, dachte ich über die Bedeutung dieses einfachen Satzes nach. Für mich hieß das, daß Adoptierte dieselbe Herkunft oder Wurzeln haben wie alle anderen auch und daß sie das Recht haben, ihre wahre Herkunft zu erfahren, wenn sie das wollen.

Du hast vor 30 Jahren beschlossen, mich aus Deinem Leben zu streichen. Es war Dein Recht, diese Entscheidung zu treffen.

Heute habe ich einen Beschluß gegen Deine Entscheidung getroffen, weil er mir vielleicht mein wahres Leben zurückbringen kann. Deshalb werden auch einige meinen, daß es besser für mich wäre, wenn ich nicht versuchen würde, Dich zu finden, und daß ich Deine Entscheidung, mich aus Deinem Leben zu verbannen, respektieren sollte. Aber ich habe auch das Recht, eine Entscheidung zu treffen. Ich stamme von Dir ab. Du bist meine Vergangenheit. Jetzt will ich meine Ansprüche auf meine eigene Vergangenheit anmelden. Das kann ich nur, wenn ich Dich finde.

Meine Entscheidung, nach Dir zu suchen, ist mein Recht. Ob überhaupt und wann ich Dich treffe, Du hast dann immer noch das Recht, zu entscheiden, ob Du mich sehen willst.

Aber es ist sehr wichtig für mich, zu wissen, daß *ich* adoptiert bin und auch eine eigene Herkunft und Rechte habe. Für mich ist der Gedanke sehr befreiend, daß ich mein Leben nicht länger mit diesem Geheimnis leben muß, wenn ich das nicht will. Ich kann versuchen, diesem Geheimnis auf die Spur zu kommen.

Du bist mein Geheimnis, *Du* bist meine Lebensgeschichte. Ich muß Dich finden.

Liebe namenlose Person,
es ist drei Uhr morgens, und ich kann nicht schlafen. Ich drehe und wälze mich im Bett herum, aber ich kann keine Ruhe finden. Ich will Deinen ganzen Namen wissen. Darauf kann ich nicht verzichten, weil Dein Name einmal auch ein Teil meines Namens war – ein Teil meiner Identität, ein Teil meines Selbst.

Ich glaube, daß der Name von Leuten viel darüber aussagt, wer sie selbst sind, glaubst Du nicht auch? Der Name »paßt« oft zu den Leuten. Ich denke an meine Freunde und versuche mir vorzustellen, daß sie anders heißen. Aber ein anderer Name scheint ihnen auch eine andere Identität zu verleihen. War es nicht Shakespeare, der geschrieben hat: »Was ist ein Name?« Für mich symbolisiert ein Name die Qualitäten und die Persönlichkeit von jemandem, der sich mit ihm identifiziert.

Ich erinnere mich an einen meiner Collegeprofessoren, der mich immer mit meinem Vor- und Zunamen rief: »Hallo, Amy Dean«, grüßte er mich, wenn er mich auf dem Campus traf. Eines Tages erklärte er mir, warum: »Wissen Sie, Ihre Namen scheinen so gut zusammenzupassen. Amy Dean. Ich kann mir nicht vorstellen, Sie nur Amy zu nennen. Es muß einfach Amy Dean heißen.« Ich habe einen Freund, der mich, seit wir den Film *Come Back to the Five and Dime, Jimmy Dean, Jimmy*

Dean gesehen haben, immer »Amy Dean, Amy Dean« nannte.

Mein Name ist Amy Dean. Amy Elizabeth Dean. Das ist der Name, den mir meine Adoptiveltern gegeben haben. Dieser Name ist meine Identität, er paßt zu mir.

Aber mein Adoptivvater hat mir auch einmal erzählt, daß mein *wirklicher* Name – der, den Du mir gegeben hast – Linda war. Ist das wahr?

Ich versuche mir vorzustellen, Linda zu heißen. Das paßt nicht so gut zu mir wie Amy. Wenn ich in den Spiegel schaue, sehe ich Amy und sage: »Hallo, Amy.« Der Name gibt mir Sicherheit, ist bequem und mir vertraut. Wenn ich ihn ausspreche, muß ich lächeln. Wenn ich in den Spiegel schaue und sage: »Hallo, Linda«, dann runzle ich meine Stirn und schüttle den Kopf. Es ist erstaunlich, wie bedeutsam ein Name für die Identität einer Person sein kann. Ich bin *Deine* Linda, aber für meine Adoptiveltern bin ich Amy. Aber wie komme ich *mir* damit vor? (Manchmal denke ich, daß sich die Identifikation meines Namens wie die Abstammung eines Rennpferdes liest: Amy von Linda von ihrer leiblichen Mutter.)

Ich weiß nicht, ob die Geschichte über meinen Namen wahr ist und warum Du mir diesen Namen gegeben hast, um mir eine Identität zu geben, bevor Du mich weggegeben hast. War es einfacher für Dich, mir als Linda Lebewohl zu sagen als zu einem namenlosen Baby?

Hast Du Dich in all den vielen Jahren, in denen wir uns nicht gekannt haben, oft gefragt, was aus Deiner Linda geworden ist, wo sie war, wie sie aussah, was sie tat und wie sie im Leben zurechtkam?
Ich bin Linda. Ich bin Amy. Ich habe zwei Namen. Wer bin ich aber wirklich?
Und wer bist Du?

16. August, etwas später

Liebe Person aus meiner Vergangenheit,
Fragen, Fragen, Fragen! Jetzt ist es eine Stunde später, und ich kann immer noch nicht schlafen. Jetzt möchte ich gerne wissen, aus welchem Land Du kommst – welche Nationalität ich habe, »wir« haben. Einmal, vor vielen Jahren, habe ich meinen Adoptivvater gefragt, welche Nationalität ich hätte, und er antwortete mir, daß ich Schottin sei (weil ich damals einen karierten Rock anhatte, als ich zu ihnen kam, wie er mir lächelnd erklärte) und Italienerin (weil ich so gerne Spaghetti aß, wie er spottete). Er dachte sich, er würde einen guten Witz machen.
»Ernsthaft, Vati, ich möchte das gerne wissen«, antwortete ich. Vielleicht machte ich ein so ernstes Gesicht, daß sein Lachen so schnell verschwand. Oder vielleicht erkannte er auch, daß ich in einem ganz bestimmten Moment in meinem Leben – und

der war vielleicht gerade erreicht – beginnen würde, über meine Adoption und über meine Vergangenheit Fragen zu stellen.

Er zuckte mit den Schultern. »Soviel ich weiß, bist
du das, was du bist. Als wir dich adoptierten, haben
sie uns nicht viel erzählt. Aber ich glaube, ich kann
mich daran erinnern, daß du wirklich schottischer
und italienischer Abstammung bist.«

»Das weißt du aber nicht sicher? Kann es nicht
auch anders sein?«

Einen Augenblick lang dachte er nach. »Nein, das
glaube ich nicht. Sie haben uns erzählt, daß du sehr
gut zu uns passen würdest. Und ich glaube, ich
kann mich daran erinnern, daß sie gesagt haben,
daß du schottischer und italienischer Abstammung
seist.«

»Kommt das Schottische von Mutters oder von
Vaters Seite?«

»Amy, das weiß ich wirklich nicht. Über deine
Mutter und deinen Vater haben sie uns überhaupt
nichts erzählt. Sie haben nur darauf aufgepaßt, daß
du gut zu uns passen würdest und daß du in ein
gutes Elternhaus kommst.«

So wuchs ich im Glauben auf, ein schottisch-italie-
nisches Mädchen zu sein, das früher Linda und nun
Amy hieß und gut zu ihren Adoptiveltern »paßte«.
»Gut paßte?!?«

Heute kann ich darüber nur wütend sein, wenn ich
als Erwachsene daran denke, wie sie mich als Kind
mit dem Vermerk »passend« versehen haben. Ich

35

weiß nicht, wie alt ich damals war, als ich mit meinem Adoptivvater über meine Herkunft diskutierte. Ich war wahrscheinlich kaum älter als zehn Jahre, vielleicht sogar jünger. Aber was habe ich als Kind damals empfunden, als ich hörte, daß ich »gut zu ihnen paßte«? Für ein Kind bedeutet das Wort »gut« immens viel. Wenn ein Kind gut ist, dann lobt man es oft, umarmt es, küßt es, gibt ihm Geschenke, Liebe, akzeptiert es und umsorgt es. Wenn ein Kind dagegen das Gegenteil von gut ist – also »schlecht« –, dann folgt darauf Negatives wie Bestrafung, Liebesentzug und Ablehnung.

Welche Genugtuung habe ich damals wohl empfunden, als ich hörte, daß ich »ein gutes Kind« sei. Wie glücklich mag ich mich gefühlt haben, gut zu sein, denn wenn ich nicht zu ihnen gepaßt hätte (was nichts damit zu tun hatte, wer ich selbst als Person war, sondern eher damit, wie ich zu meinen Adoptiveltern paßte), hätte man mich meinen Adoptiveltern wieder wegnehmen können. Und vielleicht hätte es dann niemanden sonst gegeben, zu dem ich gepaßt hätte.

Kannst Du Dir vorstellen, was es heißt, zu jemandem »gut zu passen«? Wie würdest Du Dich dabei fühlen? Ich kann Dir sagen, wie ich mich dabei fühlte, wie eine *Sache* und nicht wie ein Mensch.

Was heißt das denn eigentlich, gut zu jemandem zu passen? Ich verstehe darunter, daß man jemandem gleicht oder jemandem oder etwas ähnlich ist. 1954, als ich adoptiert wurde, »paßte« ich, glaube ich, gut zu meinen Eltern, weil ich in ihre Familie und ihre Umgebung so gut zu integrieren war, daß niemand behaupten konnte, daß ich nicht auch ihr leibliches Kind hätte sein können. So gut in diese Familie hineinzupassen hieß auch, daß die Hintergründe meiner Geburt verheimlicht werden konnten. Deshalb waren die anderen Leute auch nicht gezwungen, Fragen zu stellen, um die schreckliche Wahrheit zu erfahren, daß ich eigentlich gar nicht zu dieser Familie gehörte, sondern nur »gut dazu paßte«, daß ich mich für diese Umgebung eignete. Daß ich gut hineinpaßte, hatte vor allem mit dem Aussehen zu tun. Es hatte nicht einmal etwas mit Gefühlen zu tun, warum mich meine Adoptiveltern letztlich adoptiert haben.

18. August 1984

Liebe Frau, die mich weggegeben hat,
seit ich letzte Woche den Entschluß gefaßt habe, nach Dir zu suchen, habe ich keine einzige Nacht mehr ruhig schlafen können. Ich drehe und wälze mich im Bett herum. Ich bin nervös und unausgeglichen. Ich habe wieder angefangen zu rauchen, obwohl ich Asthma habe (hast Du eigentlich auch Asthma?) und schon seit mehr als zehn Jahren nicht mehr geraucht habe. Ich bin immer noch ganz durcheinander, seit ich beschlossen habe, nach Dir

37

zu suchen: Ist das wirklich richtig, was ich mache? Oder sollte ich nicht lieber alles so lassen, wie es jetzt ist, mit unseren beiden voneinander getrennten Leben? Ich ertappe mich bei Phantasiegesprächen mit Dir: »Hallo, ich bin Deine Tochter …« Ich frage mich, wie ich Dich anreden soll, wenn und falls ich Dich überhaupt finde: Mama, Mutter, Mutti, Frau …? Ich betrachte mein Gesicht im Spiegel und frage mich, ob ich Dir ähnlich sehe. Hast Du dieselben Augen wie ich? Dieselben Haare? Dieselbe Gesichtsform? Die gleiche Nase? Und all das nur, weil ich den Beschluß gefaßt habe, nach Dir zu suchen! Dabei habe ich noch nicht einmal konkret damit begonnen!

Gestern, als ich mein Gesicht im Spiegel ansah, begann ich plötzlich zu weinen. Ich weinte stundenlang und mußte immer wieder tief seufzen, während dicke Tränen meine Wangen hinunterliefen und auf den Boden tropften. Mir kam es so vor, als würden alle Gefühle, die ich jemals gehabt habe, weil ich adoptiert bin, plötzlich an die Oberfläche kommen und mich überschwemmen – Gefühle von Schmerz, Traurigkeit, Ablehnung, Verlassenheit, Einsamkeit, Schuld, Scham und große Selbstzweifel. Wenn man selbst nicht adoptiert ist, kann man sich gar nicht vorstellen, wie das ist, und die Gefühle, die man hat, kann man auch gar nicht verstehen. Gefühle, daß man eigentlich unerwünscht ist, aus welchen Gründen auch immer. (Ebensowenig kann ich mir aber auch vorstellen,

wie Du Dich als wirkliche Mutter gefühlt hast,
solange ich nicht selbst ein Kind nach der Geburt
weggegeben habe.)

Ich frage mich jetzt, ob ich eigentlich stark genug
sein werde, meinen Vorsatz auch in die Tat umzu-
setzen, Dich zu suchen, ob das nicht nur mein
gutes Recht ist, sondern ob ich das eigentlich auch
wirklich will. Mein Recht darauf, Dich zu suchen,
ist eher eine Entscheidung, die ich mit meinem
Kopf beschlossen habe: Du bist meine Mutter, und
ich bin Deine Tochter, und wir beide haben ein
Recht darauf, uns zu kennen. Aber den *Wunsch*,
Dich zu finden, habe ich eher gefühlsmäßig, er
kommt von Herzen, weil ich offen und aufge-
schlossen sein muß, auch wenn es mir weh tut –
um meine Gefühle, ein adoptiertes Kind zu sein,
wieder neu erleben zu können. Um mich wieder
daran erinnern zu können, wie es war, eine un-
glückliche Kindheit gehabt zu haben, und um riskieren zu können, Dich zu suchen, die Person, die
mich abgelehnt hat, die mich aufgegeben hat und
die mich vielleicht wieder ablehnen wird.

Mein Wunsch, Dich zu finden, reicht viel weiter,
als nur die Antworten auf meine Fragen zu finden,
wer ich war und woher ich komme. Ich will viel
mehr als nur meinen eigentlichen Namen und
meine Wurzeln kennenlernen.

Mein Wunsch, Dich zu suchen, ist für mich ein
Weg, mit meinen widersprüchlichen Gefühlen,
die ich als Adoptierte habe, umgehen zu lernen.

Jahrelang habe ich gelebt, als läge ein Schatten über mir, und ich habe mich so gefühlt, als ob ich von der restlichen Welt ausgeschlossen sei, als ob ich nirgends dazugehörte. Ich war gefühlsmäßig sehr unsicher und hatte überhaupt kein Selbstvertrauen. Ich war ganz ruhelos und frustriert, und oft plagten mich Gefühle von Schuld und Scham.

Aber ich will nicht nur lernen, mit all diesen Gefühlen umzugehen, die ich hatte, weil ich als adoptiertes Kind aufgewachsen bin. Bin ich aber auch bereit dazu, Dir einen Platz in meinem Leben zu lassen, wenn oder falls ich Dich überhaupt finde?

Ich erkenne jetzt, daß die Suche nach Dir auch eine Suche nach mir selbst sein wird, eine Suche nach dem Kind in mir, das mit dem Makel lebt, adoptiert zu sein, und das alle Vorteile, aber auch alle Nachteile kennengelernt hat, die sich daraus ergeben haben.

21. August 1984

Meine Erzeugerin,
wie ich in meinem letzten Brief geschrieben habe, ergeben sich aus einer Adoption die unterschiedlichsten Konsequenzen: Vorteile, aber auch Nachteile. Die meisten Leute sehen in einer Adoption nur den Vorteil, daß man in ein Haus mit zwei

liebevollen Eltern kommt. In meinem Fall war das jedoch kein Vorteil. In diesem Brief kann ich das noch nicht erklären. Ich habe schon erwähnt, daß ich, seit ich den Entschluß gefaßt habe, nach Dir zu suchen, so viele aufwühlende Gefühle habe, daß es mir sogar jetzt schon große Mühe macht, diese kurzen Briefe zu schreiben. Ich brauche noch ein bißchen Zeit. Ich habe so viele Erinnerungen, die tief in meiner Seele vergraben sind, daß ich mich davor fürchte, sie wieder an die Oberfläche kommen zu lassen.

Aber ich verspreche Dir, daß ich Dir bald von meinen Adoptiveltern berichten werde. In diesem Brief will ich jedoch von den Vorteilen und Nachteilen erzählen, die ich als Adoptierte erfahren habe.

In den Jahren, bevor ich zwölf Jahre alt war, war ich stolz darauf, ein adoptiertes Kind zu sein. So viele Kinder träumen davon, adoptiert zu sein, und ich war es wirklich! Meine Freundinnen beneideten mich. Es war so toll, die Brust herauszustrecken und sagen zu können: »Ich bin ein adoptiertes Kind. Meine Eltern haben mich von vielen Babys *auserwählt*. Eure Eltern haben euch einfach bekommen.«

Obwohl ich keine Geschichte wie die anderen darüber erzählen konnte, wie ich geboren wurde (wozu auch die Geschichten gehörten, wie sie sich im Mutterleib verhalten hatten, in welchem Krankenhaus und wann sie genau geboren wurden), hat mir

41

mein Adoptivvater genau erzählt, wie es war, als er mich zum erstenmal gesehen hat: »Du warst noch ein ganz kleines Baby. Vom ersten Moment an, als ich dich gesehen habe, habe ich dich liebgehabt.« Seine sensiblen, grau-grünen Augen füllten sich mit Freudentränen bei diesen glücklichen Erinnerungen. Dann lächelte er mich an – ein Lächeln, das mir das Herz ganz warm werden ließ, weil ich wußte, daß es ganz allein mir galt – und jedesmal sagte er immer wieder dasselbe (und ich konnte es gar nicht oft genug hören): »Du warst so niedlich. Du hattest einen rosafarbenen Strampelanzug an. Ich war so glücklich.«

Für mich war diese »Geschichte meiner Geburt« genauso wichtig wie die Geburtsgeschichten von meinen Freundinnen.

Mein Adoptivvater hat mir mit Worten und Taten immer wieder gezeigt, daß ich sein kleiner Liebling war. Ich wurde nie anders behandelt, weil ich adoptiert war, obwohl ich als Einzelkind aufwuchs und ein sehr schwieriges Kind war. Mein Adoptivvater und ich haben uns selten darüber unterhalten, daß ich adoptiert war. Und ich hielt meinen Adoptivvater auch immer für meinen »wirklichen« Vater, weil er mich wie eine »richtige« Tochter aufgezogen hat.

Als ich jedoch älter wurde, verwandelte sich die Tatsache, ein adoptiertes Kind zu sein, auf die ich immer so stolz gewesen war, in einen Makel. Bis dahin hatte ich angenommen, daß eine Adoption eine spezielle Form von *Auserwähltsein* bedeuten würde. Man hatte mich ausgewählt, wie mir mein Vater erzählt hatte, und ich hatte das ganz großartig gefunden.

Meine Freunde erzählten mir jedoch bald das Gegenteil: Ich sei nicht auserwählt worden, sondern von jemand anderem *abgelehnt* worden. Die Freunde, die mich früher beneidet hatten, sparten bald nicht mehr mit bissigen Kommentaren:

»Wenn man dich ausgewählt hat, heißt das auch, daß man dich wieder zurückbringen kann, wenn dich niemand mehr liebhat.«

»Meine Eltern nennen mich ihr Eigentum, weil sie mich wirklich bekommen haben. Deinen Eltern gehörst du ja eigentlich nicht richtig.«

»Du siehst deinen Eltern überhaupt nicht ähnlich. Ich dagegen bin meinen Eltern wie aus dem Gesicht geschnitten. Meine Augen sind so blau wie die ihren. Du siehst überhaupt niemandem ähnlich.«

»Du wirst wahrscheinlich etwas Schreckliches angestellt haben, weil Dich deine wirkliche Mutter weggegeben hat.«

Anstatt daran zu glauben, daß eine Adoption ein Auserwähltwerden bedeutet, begann ich zu glauben, daß adoptiert werden heißt, zurückgewiesen zu werden und »zur freien Verfügung zu stehen«, weil mich jemand nicht mehr haben wollte. Je älter ich wurde, um so weniger erstrebenswert erschien es mir, ein adoptiertes Kind zu sein – und um so mehr Fragen stellte ich mir, wer ich eigentlich wirklich war und warum man mich zur Adoption freigegeben hatte. Ich wollte wissen, woher ich kam und nicht mehr nur das Märchen vom Storch hören. Ich wollte verstehen, *warum* ich adoptiert wurde, und ich wollte alle Einzelheiten darüber genau wissen.

Den größten Kummer, als adoptiertes Kind aufzuwachsen, bereitete es mir, daß ich nicht wußte, warum ich zur Adoption freigegeben worden war. Weil ich das nicht wußte, ging ich mit mir selbst sehr kritisch um und fragte mich immer wieder, was mit mir nicht in Ordnung war, weil mich meine eigenen Eltern nicht behalten wollten. Daß ich das nicht wußte, ließ mich mit dunklen Spekulationen zurück und machte mich auch für andere Geheimnisse und Flüstereien sehr hellhörig. (Ich glaubte dann immer, sie würden über meine Fehler reden, die zu meiner Adoption geführt hätten.) Daß ich die wahren Ursachen nicht wußte, rührte an meiner Identität. Ich mußte mich wie ein Chamäleon an meine neue Umgebung anpassen und zu meiner neuen Umgebung und zu den Persönlichkeiten und Charakteren meiner neuen Familie passen, ohne zu wissen, *wer* ich selbst eigentlich wirklich vorher gewesen war, bevor ich zu ihnen kam.

Als ich meinen Adoptivvater fragte, warum sie mich adoptiert hätten, erzählte er mir, daß er nur wüßte, daß sich meine »wirklichen« Eltern nicht um mich hätten kümmern können. Mit dieser Erklärung gab ich mich jedoch nicht zufrieden. *Ich wollte wissen, warum.* Ich wollte das wissen, damit ich es verstehen konnte.

Mein Adoptivvater hätte mich auch anlügen können, als er mir die wahren Umstände der Adoption berichtet hat. Er hätte einleuchtende Gründe erfinden können – den Tod meiner Eltern, eine überforderte Mutter, Krankheit oder ähnliches –, und er wäre sicherlich nicht der erste Adoptivvater gewesen, der das getan hätte. Das hat er jedoch nie gemacht, und dafür bin ich ihm auch sehr dankbar. Er war zu mir immer ehrlich, obwohl er gewußt haben muß, daß diese Ehrlichkeit für mich sehr schwer zu ertragen war und mich sehr frustrierte. Aber er erzog mich auch sonst dazu, nie zu lügen und immer die Wahrheit zu sagen, selbst wenn die Wahrheit nicht immer das war, was man gerne hören wollte.

Weil mir mein Adoptivvater nicht weiterhelfen konnte, nahm ich die Dinge selbst in die Hand. Ich versuchte die Gründe für meine Adoption selbst herauszufinden.

Meine erste Theorie über meine Adoption war, daß meine wirklichen Eltern bei einem tragischen Autounfall ums Leben gekommen waren. Mir gefiel diese Vorstellung, weil man gegen den Tod keinerlei Argumente hat. In meiner Phantasie waren meine leiblichen Eltern tot, und man hatte keine andere Wahl gehabt, als mich zur Adoption freizugeben. Deshalb hatten sie mich auch nicht abgelehnt; meine Eltern lebten nicht mehr, um sich um mich kümmern zu können, und deshalb mußte das jemand anders tun. Damit war der Fall abgeschlossen.

Eine andere Theorie war, daß meine leiblichen Eltern berühmte Leute waren – Hollywood-Schauspieler, Starreporter, Fernsehproduzenten oder berühmte Wissenschaftler –, die so viel in der Welt herumreisten und viel zu beschäftigt waren, um sich um mich kümmern zu können. Deshalb ließen sie mich adoptieren, aber nur unter der Bedingung, daß sie mich jederzeit wieder zurückholen konnten, wenn sie mehr Zeit für mich hätten. (Ich favorisierte diese Vorstellung einer »Leih«-Adoption vor allem dann, wenn ich mit meinen Adoptiveltern Probleme hatte. Dann sagte ich zu mir selbst: »Was macht das schon, wenn sie mich jetzt bestrafen? Bald werden meine *wirklichen* Eltern kommen, um mich nach Hause zu holen. Und dann werde ich alles tun dürfen, was ich will! *Sie* werden mich nicht bestrafen.«)

Eine dritte Theorie beschäftigte sich weniger mit meinen leiblichen Eltern und der Adoption, sondern mehr mit meinen eigenen Grenzen, die mir als Individuum gesetzt waren. Dabei betrachtete ich mich selbst nicht als adoptiertes Kind, sondern ich nahm an, daß ich das leibliche Kind meiner Adoptiveltern war und an einer seltenen Form von Gedächtnisverlust litt, der verhinderte, daß ich mehr über meine Vergangenheit wußte. Diese Theorie basierte auf meiner Beobachtung, daß alle anderen Kinder in der Schule sehr viel über sich selbst und ihre Familien wußten. Sie schienen eine sehr natürliche Beziehung dazu zu haben, wer sie waren und woher sie kamen.

Deshalb, so folgerte ich, war mein Problem ein zeitliches – und eines meines Gedächtnisses, bis es wieder funktionieren würde – und nicht ein Problem der genetischen Abstammung.

Als ich soweit war, bei mir selbst eine seltene Form von Gedächtnisverlust festgestellt zu haben, fragte ich mich nur noch, wie lang es dauern würde, bis mein Gedächtnis wieder normal funktionieren würde. Ich dachte, das wäre so bald nicht möglich. Ich wollte mich damit vor so vielen unerfreulichen Situationen drücken, in die ich immer wieder geriet, weil mir viele Informationen über meine Vergangenheit fehlten, die ich eigentlich notwendig gebraucht hätte.

In eine solche schreckliche Situation geriet ich bei einer Hausaufgabe. Damals waren die Klassenlehrer noch nicht so sensibel für die Lebensumstände ihrer Schüler, wie sie es heute sind. Die Aufgaben waren auf jene Kinder zugeschnitten, die aus Familien mit einer »richtigen« Mutter und einem »richtigen« Vater stammten, die zusammen unter einem Dach lebten.

Nie werde ich diese Hausaufgabe vergessen. Sie verstärkte nur noch meine Vorstellung, an Gedächtnisverlust zu leiden und brachte mir erst recht wieder zu Bewußtsein, wie anders als die anderen Kinder ich war.

Die Aufgabe war einfach: den eigenen Familienstammbaum zeichnen. Der Lehrer erklärte die Hausaufgabe wie folgt: »Ich möchte, daß ihr soweit wie möglich in die Vergangenheit zurückgeht und alle Familienmitglieder eurer Familie in einem Stammbaum aufzeichnet, so wie ich es euch an der Tafel erklärt habe. Beginnt mit euren Eltern und euren Onkeln, Tanten, Cousins und Cousinen. Dann malt deren Eltern und ihre Onkel, Tanten, Cousins und Cousinen dazu. Dann geht noch weiter zurück zu deren Eltern, Onkeln, Tanten, Cousins und Cousinen. Und so weiter. Einige von euch werden ihre Ahnen vielleicht sogar bis zur Landung der *Mayflower* zurückverfolgen können. Stellt euch das mal vor, Kinder. Ich denke, ihr findet diese Hausaufgabe großartig!«

Mein Gott, dachte ich mir da nur. Wie faszinierend kann wohl ein weißes Blatt Papier sein? Ich wußte nicht, was ich mit diesem Thema anfangen sollte. Ich wußte nicht einmal, wer *ich* war, wie konnte ich da etwas über *meine Familie* wissen?

Ich war verzweifelt. Ich malte mir schon aus, was am nächsten Tag passieren würde, wenn wir die Hausaufgabe abgeben sollten, wenn ich aufgerufen werden würde, um meinen Stammbaum vor der Klasse vorzutragen ...

Langsam stehe ich von meiner Schulbank auf und gehe den endlos langen Gang entlang, bis ich vor der Klasse stehe. Dann wende ich mich meinen Klassenkameraden zu. Ich schaue in viele mich anstarrende Gesichter. Meine Vorstellungen verschwimmen: Plötzlich sehen die vertrauten Gesichter meiner Klassenkameraden ganz feindselig, ja sogar bedrohlich aus. Ich schaue weg und starre auf ein Staubkorn auf dem Boden. Dann murmle ich: »Ich konnte diese Hausaufgabe nicht machen, weil ich meine Vorfahren nicht kenne.« Die Gesichter meiner Klassenkameraden sehen mich erstaunt an. Einige drehen sich um und flüstern mit ihren Nachbarn. Die Stimme der Lehrerin unterbricht mich. Sie bittet um Ruhe. Als es im Raum wieder still ist, steht sie langsam von ihrem Holzstuhl auf, dessen Ächzen und Knarren mich ebenso zu tadeln scheint. Dann verschränkt sie ihre Arme vor der Brust und schaut zu mir herunter.

»Und warum hast du deine Hausaufgabe nicht gemacht, Amy?« durchschneidet ihre Stimme die Luft.

»Weil, weil ich ein adoptiertes Kind bin und weil ich deshalb meine wirkliche Fa-Familie nicht kenne!« stottere ich als Antwort und renne dann zu meinem Platz zurück.

Alle in der Klasse fangen laut zu lachen an. Die Kinder zeigen mit Fingern auf mich, und ich selbst werde knallrot, weil ich das am allerbesten kann, und das ist sicherlich eine der Situationen, in der man auch nur rot anlaufen kann.

Und mitten zwischen all den Kindern – und der Lehrerin, die bis jetzt noch nie gelacht hat, aber jetzt die

Situation auch ganz amüsant findet – versinke ich immer tiefer in meinem Stuhl und schaue nervös auf die ausgetüftelten, vollständigen Familienstammbäume, die auf den Tischen der anderen Kinder liegen, und bin so neidisch auf all jene, die das haben, was ich nicht habe – ein Fundament in ihrem Leben, eine Basis, mit der man leben kann, eine Verbindung zur Vergangenheit, eine Bedeutung – sie wissen etwas darüber.

Aber die Hausaufgabe war letztendlich dann doch nicht so schrecklich, wie ich es mir in meiner Phantasie ausgemalt hatte. Ich erzählte meinem Adoptivvater davon, als er von der Arbeit nach Hause kam. Nach dem Abendessen half er mir. Er nannte mir *seine* Eltern und Großeltern und *seine* Schwestern und Brüder und deren Söhne und Töchter und so weiter. Er half mir dabei, den Familienstammbaum der *Deans* aufzuzeichnen.

Obwohl ich rein juristisch eine Dean war und darüber auch ganz glücklich war, wollte ich laut aufschreien: »Aber das ist ja gar nicht meine *wirkliche* Familie! Ich muß etwas über meine *eigene* Familie wissen! Das bin ja gar nicht *ich*! Ich will etwas über die Familie wissen, von der ich abstamme!«

Aber ich sagte nichts, ich war eine Dean und niemand, nicht einmal mein Vater, kannte mich anders.

Ein anderer Ort, an dem ich die ganze Unbeholfenheit und Verwirrung über meine unbekannte Vergangenheit fühlte, war ein Arztzimmer. Als ich noch jünger war, füllten meine Eltern meine Krankengeschichte aus. Erst als ich älter und schon in der High-School und im College war, begann ich mich selbst um meine Krankengeschichte zu kümmern. Ich hatte keine Probleme, solange es nur um Kinderkrankheiten ging – Mumps, Masern und so weiter. Darüber wußte ich alles, denn diese Krankheiten hatte ich alle selbst gehabt.

Aber über die Krankheiten in meiner Familie wußte ich nicht Bescheid: Zuckerkrankheit? Krebs? Herzkrankheiten? Auf jedem Formular eines Arztes konnte ich über die Familienkrankheiten nur »Ich weiß darüber nichts« ankreuzen.

Für mich war das ein weiterer Nachteil, ein adoptiertes Kind zu sein: Ich wurde erwachsen und wußte überhaupt nicht mehr über mich selbst als wie als Kind.

Nichts über meine Adoption zu wissen, keine Familiengeschichte zu kennen und auch nicht über die Familienkrankheiten Bescheid zu wissen, waren die Nachteile, die ich erfahren habe, als ich aufwuchs. Aus einem »adoptierten Kind« wurde einfach ein »adoptierter Erwachsener«, bei dem sich nur das Alter und das Etikett verändert hatte, das Bedürfnis, mehr darüber zu wissen, aber immer noch vorhanden war.

Nur *Du* kannst das wissen. Wenn ich Dich finde, finde ich vielleicht auch mich.

22. August 1984

Liebe Informationsquelle,
warum muß *ich* eigentlich versuchen, *Dich* zu finden, um Informationen über *mich* zu erhalten?
Solltest nicht eigentlich *Du* versuchen, mit mir Kontakt aufzunehmen?

25. August 1984

Liebe leibliche Mutter,
ist Dir bewußt, daß diese Briefe mein erster richtiger Versuch sind, in *Worte* zu fassen, wie es ist, adoptiert worden zu sein? Nur einmal bin ich bis jetzt so weit gekommen, meine Gefühle darüber in Worte zu fassen, als ich vor Jahren in einem Ferienlager ein anderes adoptiertes Kind getroffen habe. Unsere Gespräche waren damals sehr lustig und aufregend – sicherlich aber nicht traurig, so wie es jetzt ist, diese Briefe zu schreiben! Aber ich kann mich daran erinnern, daß es weh getan hat, als wir uns voneinander getrennt haben …
Erinnerst Du Dich, daß ich in einem früheren Brief schrieb, daß niemand, es sei denn jemand, der selbst adoptiert ist, die Gefühle nachempfinden kann, die man hat, wenn man adoptiert worden ist? Das ist wahr. Ich habe mich sehr einsam gefühlt, als ich aufwuchs, denn ich hatte keinen, der verstan-

den hätte, wie ich mich fühlte. Aber dann traf ich mit 15 Jahren in einem Ferienlager ein anderes adoptiertes Kind.

Sie hieß auch Amy. Außerdem hatte sie auch einen Nachnamen, der mit D anfing. Sie hatte kurze, gerade, braune Haare und auch braune Augen – so wie ich. Sie und ich hatten auch in etwa dasselbe Aussehen. Wir waren gleich groß. Wir waren im selben Alter. Und als wir auch noch feststellten, daß wir beide adoptierte Kinder waren, waren wir von da an unzertrennlich.

Wir waren uns so ähnlich, daß wir sogar annahmen, daß wir von Geburt an Schwestern gewesen seien, die das Schicksal dazu ausersehen hatte, sich hier in diesem Sommerferienlager wiederzusehen. Wir verbrachten fast den ganzen Sommer zusammen und lagen zusammen in unserem Etagenbett und redeten pausenlos. Wir fragten uns, wie unsere wirkliche Mutter wohl ausgesehen haben mag, warum sie uns wohl zur Adoption freigegeben hatte und warum uns nicht dieselbe Familie adoptiert hatte. Wir dachten uns Möglichkeiten aus, wie wir zusammen leben könnten, und wir wollten auch wieder bei unseren wirklichen Eltern leben, die sich wahrscheinlich riesig freuen würden, uns wiederzusehen (wir malten uns aus, daß wir beim Einkaufen in einem großen Kaufhaus getrennt worden waren) und uns wieder mit offenen Armen aufnehmen würden (wir glaubten, daß sie außer uns keine weiteren Kinder gehabt hätten, weil sie über unseren Verlust so traurig gewesen wären). Unsere Geschichten hatten immer ein Happy-End, so wie alle anderen Geschichten, die wir in diesem Alter lasen. Mit Amy fühlte ich mich wie ein Zwilling, sie war wie eine Verwandte und eine Seelenfreundin für mich. Sie verstand meine innere Einsamkeit und mein Gefühl, mich selbst als »Secondhandkind« zu verstehen. Zwischen ihr und mir gab es ein Vertrauen, daß ich seitdem bei keinem anderen Menschen mehr empfunden habe, ein Gefühl, das nicht nur von unserem gemeinsamen Schicksal, adoptiert zu sein, herrührte, sondern auch von unserem Wunsch, zusammenzugehören, weil wir uns so ähnlich waren. (Ich beneidete immer die »Brady Bunch-Familie«. Obwohl die sechs Kinder von verschiedenen Eltern stammten, hatten alle Mädchen »goldene Haare wie die Mutter, die Jüngste hatte Löckchen«, und die Jungen schauten alle ihrem wirklichen Vater Mike Brady ähnlich, der schwarzes, lockiges Haar und strahlende blaue Augen hatte.)

Am Ende des Sommers umarmten uns Amy und ich ganz verzweifelt, und wir weinten herzzerreißend, weil wir so traurig darüber waren, daß wir nicht, wie wir uns vorgestellt hatten, zusammenleben konnten.

Meine und Amys Eltern trennten uns beide, als wir uns am letzten Abend im Ferienlager tränenüberströmt aneinanderklammerten, begleiteten uns zu unseren Autos und fuhren uns in unsere zwei verschiedenen Häuser, die meilenweit voneinander entfernt lagen.

Eine Weile schrieben Amy und ich uns viele Briefe, aber unsere unterschiedlichen Leben und die geographische Distanz verhinderten schließlich, daß wir unsere tiefe Verbindung, die wir im Ferienlager aufgebaut hatten, weiterpflegen konnten. Im Sommer darauf kam ich wieder in dieses Ferienlager, Amy aber nicht. Ich habe sie nie wiedergesehen.

Heute ist mir klar, daß Amy für mich viel mehr als eine Seelenfreundin war und viel mehr als nur eine Person mit einer ähnlichen Vergangenheit. Amy war für mich eine Vertraute, jemand, mit dem ich meine Geheimnisse, ein adoptiertes Kind zu sein, teilen konnte und mit der ich meine innersten Gefühle darüber austauschen konnte. Als adoptiertes Kind aufzuwachsen war schon schwer genug, aber niemanden zu haben, mit dem man darüber reden konnte, machte mich nur noch einsamer, und ich fühlte mich dadurch immer mehr mißverstanden. So lernte ich, meine Gefühle für mich zu behalten und meine Phantasien nur im eigenen Kopf zusammenzureimen, weil ich glaubte, daß niemand so gut wie Amy verstehen würde, was es hieß, ein adoptiertes Kind zu sein.

Liebe Person, mit der alles begann,
für mich besteht eine Adoption aus zwei wesentlichen Gefühlen: verloren zu sein und diesen Verlust zu betrauern.

Ich fühle mich verloren, weil ich keine biologischen Verbindungen zu einem Elternteil, zu Eltern oder zu einer Familie habe. Ich fühle mich verloren, weil ich die Geschichte meiner eigenen Geburt nicht kenne (ich kenne nur meine »Adoptionsgeschichte«). Ich fühle mich verloren, weil ich nichts über meine Vergangenheit weiß. Ich fühle mich verloren, weil ich meine Familienkrankheiten nicht kenne.

Ich fühle mich einfach verloren und verlassen.

Ich habe auch das Gefühl, daß ich diesen Verlust ständig betrauere. Du hast mich allein gelassen, ich hatte keine richtige Mutter. Du bist der eigentliche Verlust in meinem Leben. Die Konsequenzen dieses Verlusts sind mir ständig bewußt, wenn ich andere Verluste in meinem Leben hinnehmen muß. Wenn ich einen Freund verliere, verliere ich nicht nur einen Freund, dann verliere ich den Freund und auch Dich. Wenn eines meiner Haustiere stirbt, verliere ich nicht nur das Haustier, sondern den Freund, das Haustier und Dich. Wenn ich etwas verliere, etwa ein Ballspiel, verliere ich nicht nur dieses Spiel, sondern den Freund, das Haustier, das Spiel und Dich.

Für mich ist es sehr schwierig, mit diesen Verlusten umzugehen, denn ich kann sie nicht einzeln verarbeiten. Sie überwältigen mich. Ich verliere dann jede Perspektive. Statt dessen scheinen sich alle Verluste in meinem Leben zu summieren, einer nach dem anderen, bis ich das Gefühl habe, daß ich seit diesem Tag 1 nur noch Verluste erlitten habe.

Mein Leben voller Verluste begann mit Dir. Kann es mit Dir auch wieder aufhören?

4. September 1984

Liebes Du,
wie kannst Du etwas über Verluste wissen? Hast Du das Gefühl, daß Du mich verloren hast? Oder kann man etwas, was man eigentlich nie haben wollte, überhaupt verlieren?

8. September 1984

Liebe Person, die sich nicht um mich gekümmert hat,
ich hasse Dich!
Alles ist Deine Schuld!
Es ist jetzt fünf Uhr morgens, und ich bin gerade aus einem schrecklichen Traum erwacht. In die-

sem Traum bin ich neun Jahre alt. Ich bin in der Schule. Es ist Pause. Ich bin mit all den anderen Kindern auf dem Schulhof und warte darauf, daß man mich für eine der beiden Mannschaften für Baseball aufruft.

Ich stelle mich mit all den anderen auf, nachdem die Mannschaftskapitäne bestimmt wurden, warte dann und hoffe, daß mein Name genannt wird. Ich halte fast schon die Luft an, weil ich den Moment nicht versäumen will, wenn mein Name kommt. Am Anfang bin ich noch sehr hoffnungsvoll und sehr aufgeregt. Ich lächle, stehe aufrecht da, schaue jedem Mannschaftskapitän in die Augen und versuche zuversichtlich auszusehen. Ich will schon schreien: »Nehmt mich! Nehmt mich! Ich weiß, daß ich den Ball weiter als irgend jemand sonst werfen kann, daß ich schneller um die Pfosten laufen und daß ich jeden Ball, den die gegnerische Mannschaft wirft, fangen kann, selbst wenn sie ihn hoch in die Luft werfen. *Bitte* – nehmt mich. *Gebt mir eine Chance.*«

Ich warte. Die Kinder, die aufgerufen worden sind, rennen von ihren Plätzen um mich herum zu ihren Mannschaftskapitänen. Die Schlangen hinter den Kapitänen werden immer länger, die Schüler, die noch warten, werden immer weniger.

Mein Lächeln ist verschwunden. Meine Schultern habe ich eingezogen. Ich schaue zu Boden. Ich habe kein Selbstvertrauen mehr. Ich würde am liebsten zu mir selbst sagen: »Vergiß es, es geht um nichts.« Und das möchte ich auch gerne glauben, aber für mich bedeutet es trotzdem sehr viel.

Statt dessen denke ich: »Wenn ich zu irgend etwas gut wäre, hätte man mich jetzt aufgerufen. Das hat man aber nicht. Ich stinke. Ich bin nicht gut. Ich verdiene es nicht, in einem Team zu spielen. *Niemand will mich haben.*«

Das habe ich nur Dir zu verdanken! Du hast aus mir ein »Kind zweiter Wahl« gemacht. Du bist schuld daran, daß mich niemand haben will.

Was gibt Dir eigentlich das Recht, mich erst zu bekommen und dann wegzugehen? Warst Du froh, als Du mich geboren hattest, daß ich »gut zu den anderen paßte«? Haben Dir die Leute von der Adoptionsstelle gesagt, daß Du Dir um mich keine Sorgen machen müßtest und daß mich wahrscheinlich jemand adoptieren würde? Hast Du »Großartig!« gesagt, dann Deine Kleider angezogen und bist hinausgegangen in einen neuen, sonnigen Tag, den ersten Tag, mit dem ein neues Leben ohne mich begann?

Ich hätte gerne, daß Du mir folgende Frage beantwortest: Was war so gottverdammt falsch bei mir, daß Du mich aufgegeben hast? Sag mir: Warum hast Du mir eigentlich das Leben geschenkt?

Du hast alles verursacht, womit ich mein Leben lang zu kämpfen habe.

Das ist alles Deine Schuld.

Liebe leibliche Mutter,
ich bin froh, daß ich gestern so wütend geworden bin.

Ich glaube, daß ich die meiste Zeit meines Lebens damit verbracht habe, anderen Leuten zu gefallen. Ich habe nie geglaubt, daß ich das Recht haben würde, »nein« zu sagen, jemandem eine Bitte abzuschlagen oder das Recht, meinen Zorn zeigen zu dürfen. Ich habe davor Angst gehabt, daß die Leute mich dann nicht mehr mögen und mich verlassen würden, wenn ich ihnen nicht das geben würde, was sie wollten oder brauchten, oder wenn ich nicht das tun würde, was sie erwarteten. Mit meinem Anspruch, dauernd Leuten gefallen zu wollen, habe ich mein ganzes Leben lang gekämpft, und ich hoffte immer unterschwellig, die richtige »Strategie« zu finden – die »richtige« Art zu denken, zu fühlen und zu handeln –, damit ich sicher sein konnte, daß *niemand* mich jemals wieder verlassen würde.

Deshalb bin ich jetzt auch auf dem Weg in die richtige Richtung, wenn ich grundsätzlich gelernt habe, meine Gefühle auszudrücken, ohne sie vorher zu zensieren oder umzudeuten, weil ich auch bereit bin, zu riskieren, daß man mich nicht mehr mag oder daß man mich verläßt.

Aber ich frage mich jetzt: Kann ich auch wütend auf Dich sein, weil Du nicht Bestandteil meines Lebens bist, weil Du mich schon verlassen hast?

Werde ich in der Lage sein, meinen Zorn auch auszudrücken, wenn ich Dich jemals treffen sollte? Bin ich bereit, zu riskieren, Dich noch einmal zu verlieren?

15. September 1984

Liebe Frau, die ihre Entscheidung getroffen hat,
hast Du eigentlich jemals Deinen Entschluß bedauert, mich weggegeben zu haben? Hast Du jemals gedacht: »Ich hoffe, daß es meinem kleinen Mädchen gutgeht«? Hast Du Dich jemals gefragt, was aus mir geworden ist, wie ich aussehe, wer meine Adoptivfamilie ist, was ich aus meinem Leben gemacht habe und was ich in der Zukunft machen will?
Hast Du Dir jemals Gedanken über mich gemacht?
Hast Du mich eigentlich jemals geliebt?

20. September 1984

Liebe Frau, die mich verlassen hat,
ich weiß nicht mehr, warum ich Dich in meinem letzten Brief gefragt habe, ob Du mich jemals geliebt hast. Was kann mir das ausmachen? Du gehörst ja nicht zu meinem Leben.

Ich weiß auch nicht einmal, warum ich Dich eigentlich suche. Was bedeutet das für mich? Du hast mich weder aufgezogen noch Dich um mich gekümmert. *Was macht mir das aus?*

In einem seiner Lieder klagt Phil Collins immer wieder: »… ich kümmere mich um nichts mehr … ich kümmere mich um nichts mehr … ich kümmere mich um nichts mehr …«

Was macht mir das aus?

Ich wollte, ich könnte auch sagen: »Ich kümmere mich um nichts mehr.« Ich wollte, ich könnte sagen: »Das bedeutet mir nichts mehr.«

Aber es gibt Dinge, die mir noch etwas bedeuten –

- Beständigkeit,
- füreinander dasein,
- nicht weggehen,
- nicht verlassen werden,
- Liebe, die nicht verletzt oder ein Gefühl der Leere hinterläßt,
- ein Teil einer Familie sein.

Weißt Du, was passiert, wenn man die Hände zu einer Art Tasse zusammenpreßt und versucht, Wasser darin festzuhalten? Man kann das Wasser nur halten, wenn man die Finger so dicht wie möglich aneinander drückt und die Hände so dicht wie möglich aneinanderhält. Wenn man jedoch müde wird oder sich bewegt oder die Nase zu jucken beginnt, dann sickert das Wasser langsam durch die Finger.

Die »Wasser« meines Lebens – die Leute, die ich brauche und liebhabe, und die ideale Familie, nach der ich mich immer gesehnt habe – sind mir durch die Finger geronnen, obwohl ich immer verzweifelt versucht habe, sie festzuhalten.

Ich habe Dich verloren, ich habe meine Adoptivmutter verloren und ich habe meine Familie verloren.

Was macht mir das aus?

Sollte ich mich mehr darum kümmern?

24. September 1984

Liebe erste Mutter,

vom ersten Moment an wußte ich heute, seit ich aufgewacht bin, daß ich Dir heute nacht von meinem Leben, nachdem Du mich verlassen hast, berichten werde. Ich wußte das, weil mir beim Nachdenken über meinen letzten Brief klargeworden ist, *daß es mir etwas ausmacht*, daß mir diese Dinge *viel bedeuten*. Tatsächlich hatten sie immer große Bedeutung für mich. Ich frage mich, was wäre, wenn mir das nichts ausmachen würde, wenn Du in meinem Leben keine Rolle spielen würdest, wenn ich nicht versuchen würde, Dich zu finden.

Aber ich will das.

Es ist aber auch sehr schwer für mich, wenn ich mir diese Zukunft vorzustellen versuche, mir ausmale, was alles passieren wird, wenn und falls ich Dich finden werde. Ich fürchte mich davor, daß Du mich wieder ablehnst oder erneut verläßt, weil ich sehr verletzlich und leicht aus der Fassung zu bringen bin. Wenn ich an meine Vergangenheit denke, dann frage ich mich: »Kann mir das wieder passieren?«

Aber ich glaube auch, daß es für mich sehr wichtig ist, mir nicht nur die Zukunft vorzustellen, sondern daß ich mir auch die Vergangenheit wieder in Erinnerung rufe und daß ich alles akzeptieren können muß. Den ganzen Tag lang habe ich über diesen Brief nachgedacht. Jetzt ist es sieben Uhr abends, das Geschirr vom Abendessen ist schon gespült, und nichts hält mich jetzt mehr von meinen Vorsätzen ab.

Ich bin bereit dazu, wieder an meine Kindheit zu denken.

Ich bin bereit dazu, wieder zurückzuschauen.

Ich wollte, ich könnte Dir darüber berichten, daß ich in eine liebevolle Adoptivfamilie aufgenommen worden bin, daß ich von einer fürsorglichen und liebevollen Adoptivfamilie aufgezogen wurde und daß ich seitdem ein glückliches Leben geführt habe.

Aber das wäre nicht die Wahrheit. Wenn das wirklich wahr wäre, würde ich vielleicht gar nicht nach Dir suchen. Das weiß ich nicht. Aber ich weiß heute, daß meine Lebensbedingungen nach meiner Adoption nicht normal waren oder die waren, die man hätte erwarten können. Obwohl ich wirklich ein »passendes« Kind war für das Paar, das mich adoptiert hat, paßte meine Adoptivmutter überhaupt nicht zu mir.

Sie war Alkoholikerin.

Die Sachbearbeiter der Adoptionsstelle wußten das nicht, als sie Bruce und Margery Dean, ein ordentliches und glückliches Ehepaar, befragten, die ein Kleinkind adoptieren und ihm eine glückliche Kindheit bieten wollten. Mein Adoptivvater wußte das auch nicht, weil er dachte, Margery würde nur trinken, um mit ihrer Enttäuschung und ihren Depression darüber fertig zu werden, daß sie keine eigenen Kinder bekommen konnte. Meine Adoptivmutter wußte das auch nicht, weil sie schon seit ihrer Hochzeit vor zehn Jahren regelmäßig dasselbe tat – sie trank jeden Tag und spielte trotzdem die Rolle einer verantwortungsvollen und liebevollen Ehefrau eines erfolgreichen Geschäftsmannes.

Niemand wußte das, als ich am 19. Februar 1954 von den Deans adoptiert wurde. Damals war ich fast fünf Monate alt, hieß von da an Amy Elizabeth Dean und war für meine Adoptiveltern ein notwendiger Bestandteil einer gesunden, glücklichen und vollständigen Familie.

Aber aus uns wurde nie eine gesunde, glückliche und vollständige Familie. Margery hörte nicht auf zu trinken. Ihre Trunksucht war kein wohlgehütetes Geheimnis. Mein Adoptivvater verließ morgens die Wohnung, um zu arbeiten, und machte sich den ganzen Tag lang Sorgen, ob Margery trank und sich wirklich auch um mich kümmerte. Nachbarn fiel ihr merkwürdiges Verhalten auf, das ihre Trinkerei verursachte. Manchmal holten sie mich von der Straße vor dem Haus weg, wo sie mich mit meinen Windeln laufen sahen. Sie machten sich große Sorgen, wenn sie meine Adoptivmutter sahen, wenn sie betrunken vor dem Haus herumtorkelte und mich im Arm hielt, wenn sie mich ins Auto setzte und mit mir davonfuhr.

Weil Margery ständig trank, wurde ich zeitweise von meinen Adoptiveltern weg und am 14. Mai 1956 zu Pflegeeltern gebracht. Damals war ich fast zweieinhalb Jahre alt. »Mom« und »Dad« Fowler hatte die Adoptionsstelle für mich als Pflegeeltern bestellt, als Margery versuchte, ihren Alkoholismus in den Griff zu bekommen.

Drei Monate später kehrte ich wieder zu meinen Adoptiveltern zurück. Aber schon einen Monat später – tatsächlich auf den Tag genau – wurde ich wieder zu Mom und Dad Fowler gebracht. Bei ihnen blieb ich bis zum 26. September 1958. In den beiden Jahren ließen sich meine Adoptiveltern scheiden, und mein Adoptivvater erhielt das Sorgerecht für mich. Er verbrachte jedes Wochenende mit mir, bis er eine Haushälterin engagierte, die sich um mich kümmerte, und ich wieder ganz bei ihm leben konnte. Am 7. April 1961 hat er wieder geheiratet.

Margery verließ mich kurz vor meinem dritten Geburtstag.

Ich habe sie nie wiedergesehen.

Als mein Adoptivvater wieder heiratete, war ich sieben Jahre alt und hatte schon vier verschiedene Mütter: Dich, Margery, Mom Fowler und Sonja, die neue Frau meines Adoptivvaters.

Kurz nachdem Sonja zu meinem Adoptivvater und mir gezogen war, besuchte ich einige Nachbarn und fragte die Frauen, ob sie gerne meine Mutter wären. Ich glaubte, daß mich Sonja genauso wie Margery wieder verlassen würde und daß ich deshalb einige Mütter in Reserve haben sollte, die bereit waren, mir meine Mutter zu ersetzen.

Ich erwartete, daß sich in meinem Leben noch viel ändern würde, obwohl das dann gar nicht mehr der Fall war.

Kannst Du jetzt verstehen, warum ich Dich unbedingt finden muß und mit Dir irgendeine Form von Kontakt haben will? Ich will mich nicht für den Rest meines Lebens wieder verlassen oder zurückgewiesen fühlen. Ich will keinen Verlust mehr erleben.

Kannst Du jetzt meinen Zorn auf Dich verstehen und warum ich böse auf Dich bin, warum ich Dir vorwerfe, daß Du an allem schuld bist? Manchmal ist es sehr schwer für mich, an alle Verluste, die ich in meinem Leben erlebt habe, zu denken oder sie auch nur zu fühlen. Ich bin damit aufgewachsen, mich hilflos und machtlos zu fühlen. Ich hatte keine andere Wahl, keine Stimme und keine Möglichkeit, Herr über die Lebensumstände zu sein, denen ich ausgesetzt war. Du hast mich zur Adoption freigegeben. Darüber hatte ich keine Macht. Margery war eine Alkoholikerin. Darüber hatte ich keine Macht. Ich verlor Margery als Mutter. Darüber hatte ich keine Macht.

Deshalb brauche ich auch ein Ventil für meinen Zorn und meine Frustration.

Manchmal denke ich, daß Du an allen Veränderungen in meinem Leben schuld bist. Ich überlege mir: Hättest Du mich behalten, hätte ich in meinem Leben nicht so viel Kummer gehabt und so viele Verluste erlebt.

Manchmal gebe ich Margery die Schuld: Wenn ich mir vorstelle, daß sie ihr Alkoholproblem in den Griff bekommen hätte, wäre meine Adoptivfamilie gesund, glücklich und vollständig geblieben.

Manchmal gebe ich meinem Adoptivvater die Schuld, weil er nicht in der Lage war, für Ordnung zu sorgen, obwohl ich eigentlich gar nicht genau sagen kann, was er hätte tun können, um die Situation zu verbessern. Er hätte es sicherlich auch nicht fertiggebracht, Margery vom Trinken abzuhalten. Ich glaube, daß er wirklich alles versucht hat, mir ein so normales Leben wie nur möglich zu bieten, wie es unter diesen Umständen eben möglich war. Aber noch öfter gebe ich mir selbst die Schuld. Ich habe das Gefühl, das ich als Mensch versagt

habe. Ich habe oft das Gefühl, daß ich selbst nur
»Sperrmüll« bin, und ich bin sehr selbstkritisch.
Ich glaube, daß ich selbst besser, freundlicher,
dünner, ruhiger und hübscher hätte sein müssen
– oder was auch immer –, dann hätte man mich
nicht verlassen.

Die Auswirkungen meiner Kindheit auf meine
heutige Persönlichkeit kann ich nur so beschrei-
ben, als hätte man einen Felsen in einen ruhigen
See geworfen. Wo der Felsbrocken auf der glatten
Wasseroberfläche eintaucht, spritzt das Wasser
hoch. Margerys Trunksucht war der Fels, der in
meine so sichere Zukunft in der Adoptivfamilie
eingebrochen ist.
Nachdem der Felsen ins Wasser gefallen ist, breiten
sich Wellen über den ganzen See aus, nicht nur
dort, wo der Fels hineingefallen ist. Der Verlust
von Margery als Adoptivmutter beeinflußte mein
ganzes Leben jahrelang in allen Bereichen.
In einem entscheidenden Punkt hinkt jedoch der
Vergleich mit dem See. Der See besteht aus Wasser. Dieses aufgewirbelte Wasser braucht nur kurze
Zeit, bis es wieder spiegelglatt wird und die Oberfläche wieder ruhig wie vorher ist.
Selbst heute noch fällt es mir schwer, ruhig zu bleiben und eine gewisse Form von Ausgeglichenheit
zu bewahren. Ich fühle mich vor allem dann innerlich aufgewühlt, wenn es um intime Beziehungen
geht. Mir geht es ganz schlecht, wenn ich emotio-

nale und körperliche Nähe mit jemandem erlebe. Ich weine viel. Sagt mir jemand: »Ich liebe dich«, bin ich depressiv und traurig. Ich bin sehr besitzergreifend und klammere mich an Leute. Ich zweifle an der Liebe und an den Zärtlichkeiten, die man mir entgegenbringt. Ich entschuldige mich oft ohne ersichtlichen Grund. Ich bin sehr dankbar, wenn jemand beschließt, seine kostbare Zeit mit einer so wertlosen Person wie mir zu verbringen. Ich kann nicht an natürliche Trennungen, die es in Beziehungen gibt, glauben, statt dessen glaube ich, daß jede Zeit, die man in Beziehungen nicht zusammen verbringt, schon das Ende bedeutet. Ich lebe in ständiger Furcht und Angst, daß ich (wieder) verlassen werde.

Wenn ich Dich suche, dann suche ich auch Beständigkeit, Beziehungen, Intimität. Das macht mir innerlich sehr zu schaffen.

Ich frage mich: Wenn ich Dich finde, wirst Du mich wieder verlassen?

28. September 1984

Liebe leibliche Mutter,
ich glaube, daß es Zeit ist, zu mir selbst zu sagen: »Genug, Amy! Hör auf, Dir über all die Verluste in Deinem Leben Gedanken zu machen. Finde neue Lebensinhalte und versuche nicht ständig über alle

erlittenen und möglichen Verluste nachzudenken, sonst werden dein Kummer, deine Frustration und deine Verwirrung auch in Zukunft noch lange andauern.«

Aber wie kann ich Dich verlieren, wenn ich Dich noch nicht einmal gefunden habe?

3. Oktober 1984

Liebe Frau, die mich geboren hat,
vor 31 Jahren hast Du mich auf die Welt gebracht. Wenn Dir damals jemand gesagt hätte, daß Deine Tochter drei Jahrzehnte danach versuchen würde, Dich zu finden, hättest Du das geglaubt?
Glaube es wenigstens jetzt! Ich bin bereit, dieses Risiko einzugehen und zu versuchen, Dich zu finden. Heute habe ich tatsächlich damit begonnen, den nächsten Schritt zu tun. Ich habe die Worcester Children's Friend Society angerufen, die Agentur, die damals meine Adoption in die Wege geleitet hat, und die Frau am Telefon gefragt, was ich tun müsse, um meine leibliche Mutter zu finden. Ich habe gedacht, sie würde mir sagen, daß ich Dich nicht suchen könne oder daß ich einen Detektiv beauftragen, einen Anwalt einschalten oder einen Prozeß anstrengen müsse. Statt dessen hat sie mir erklärt, daß die Agentur die Suche für ihre Kunden übernimmt – sowohl für die adoptierten

Kinder als auch für die leiblichen Mütter –, wenn sie damit beauftragt wird.

Stell Dir das vor!

Das bedeutet, daß ich immer dann, wenn ich dazu bereit bin, zu dieser Agentur gehen kann und mit der Suche beginnen kann.

Was für ein Geburtstagsgeschenk – ich muß es nur aufmachen, wenn ich dazu bereit bin.

11. Oktober 1984

Liebe leibliche Mutter,

heute abend kam mein Adoptivvater bei mir vorbei, als er von einer Geschäftsreise auf dem Weg nach Hause war. Als wir uns unterhielten, erwähnte ich auch, daß ich die Adoptionsstelle angerufen hätte, um sie darum zu bitten, Dich zu suchen. Ich hätte nie gedacht, daß meinem Adoptivvater mein Entschluß, Dich zu finden, angst machen würde – milde ausgedrückt –, und ich hätte auch nie gedacht, daß wir uns so tiefgreifend und emotional bewegend über meine Adoption und die Gründe für meinen Wunsch, Dich zu finden, unterhalten würden.

Er ging vor einigen Stunden. Wenn ich jetzt über unser Gespräch nachdenke, bin ich glücklich und erleichtert, daß er und ich uns so offen und ehrlich über unsere Gefühle unterhalten konnten, die mit meinem Wunsch, Dich zu finden, zusammenhängen. Ich bin mehr als je zuvor davon überzeugt, daß er mich wirklich liebhat und daß er mich bei der Suche nach Dir auch unterstützen wird. Er hat mir auch versichert, daß es notwendig für mich ist, Dich zu finden, und daß das in keinster Weise mein Verhältnis zu ihm beeinträchtigen wird oder daß ich deshalb über die Lebensumstände in meiner Kindheit unglücklich wäre (für die er leider auch mitverantwortlich ist, obwohl sie, wie Margerys Alkoholismus, außerhalb seiner Macht standen).

Was für mich jetzt viel wichtiger ist, ist die Tatsache, daß dieses Gespräch nicht nur stattgefunden hat, sondern auch sehr gut war, obwohl es etwas zwiespältig begonnen hatte.

Als ich meinem Adoptivvater gegenüber zum erstenmal erwähnte, daß ich mit der Adoptionsstelle Kontakt aufgenommen hätte, um zu eruieren, wie ich Dich finden könnte, frage er mich sofort: »Warum willst du sie finden?«

Als ich versuchte, ihm zu erklären, daß das notwendig sei, um meine Familienkrankheiten zu erfahren, unterbrach er mich sofort. Er dachte, daß mein Entschluß, Dich zu suchen, daher rührte, daß ich – schon seit sie in unser Haus gekommen war, als ich sieben Jahre alt war – ein schwieriges Verhältnis zu meiner Mutter Sonja hätte, weil wir zwar immer versucht hatten, ein möglichst gutes Verhältnis zwischen Mutter und Tochter herzustellen, was uns, worüber mein Vater sehr enttäuscht war, jedoch nie gelungen ist.

»Sonja hat dich aufgezogen und, so gut sie konnte, sich um dich gekümmert«, meinte er. »Ich weiß, daß ihr beide nie besonders gut miteinander ausgekommen seid. Aber ich weiß auch, daß sie dich sehr geliebt hat. Was hat diese andere Frau für dich getan? Sie hat dich anderen Leuten überlassen, weil sie sich selbst nicht um dich kümmern konnte.«

»Das weiß ich, Daddy«, sagte ich. »Aber ich suche meine leibliche Mutter nicht deshalb, damit ich jemanden habe, der sich um mich kümmert.«

»Ich weiß, daß du nicht die glücklichste Kindheit hattest«, fuhr mein Vater fort, als ob er meinen Einwand nicht gehört hätte. »Erst Margery und ihr Trinken, dann die Pflegefamilie und dann sind auch Mama und du miteinander nicht zurechtgekommen …«

»Daddy, daß ich nach meiner leiblichen Mutter suche, hat mit meiner Kindheit nichts zu tun«, unterbrach ich ihn. »Oder mit Margery. Oder mit Mama. Sie sind nicht der Grund, warum ich nach meiner leiblichen Mutter suchen will. Ich will keine ›neue‹ Mutter haben oder eine Mutter, die ich nie gehabt habe. Ich weiß auch gar nicht, ob ich meine leibliche Mutter finden kann oder ob ich mit der begonnenen Suche eigentlich weitermachen will. Eine Mutter zu finden, ist wirklich nicht der Grund dafür.«

»Warum willst du denn dann diese Frau finden?«

»Ich will nicht unbedingt die *Person* finden, sondern vielmehr Antworten auf meine Fragen. Ich will meine wahren Wurzeln kennenlernen. Ich will wissen, woher ich komme. Ich will meine eigene Krankengeschichte kennenlernen. Ich will meine nationale Herkunft wissen. Ich will wissen, warum ich zur Adoption freigegeben worden bin. Ich will die Antworten auf Fragen wissen, die ich nicht beantworten kann, Daddy, Fragen, die mir nur meine leibliche Mutter beantworten kann.«

Danach schwiegen wir beide einige Zeit. Ich schaute meinen Vater an und fragte mich, was er sich wohl dachte. Ich glaubte, er überlegte sich, was ich gerade gesagt hatte, aber was er mir nicht geben konnte: die volle Wahrheit über meine eigene Vergangenheit. Nicht, daß es mein Vater nicht mögen würde, wenn man etwas unternimmt, er glaubt, daß letztlich alles möglich ist, ganz egal unter welchen Umständen. Deshalb fragte ich mich, ob er sich darüber ärgerte, daß er mir keine Informationen über meine Vergangenheit geben konnte.

Aber da irrte ich mich.

»Und was denkst du über deinen leiblichen Vater?« fragte er mich schließlich.

»Was soll ich von ihm denken?«

»Willst du ihn auch finden?«

»Nein«, sagte ich schnell, dachte dann aber darüber nach. »Um dir die Wahrheit zu sagen, Daddy, habe ich noch gar nicht daran gedacht, daß ich ihn auch suchen könnte. Das ist mir gar nicht in den Sinn gekommen. Ich denke, daß mir meine leibliche Mutter seinen Namen sagen kann und mir mehr über ihn berichten können wird, wenn und falls ich sie finde. Sie hat sich dazu entschlossen, mich zur Adoption freizugeben. Sie hat mich neun Monate in ihrem Bauch getragen. Ich glaube, daß ich durch die Adoption eine natürliche Beziehung zwischen Mutter und Tochter verloren habe. Ich habe nicht das Gefühl, daß ich eine Vater-Tochter-Beziehung verloren habe. Wenn ich ein Mann wäre, würde ich vielleicht anders fühlen. Dann würde ich vielleicht versuchen, meinen leiblichen Vater zu finden. Das kann ich so nicht sagen. Aber du, nun, nun … du bist nicht mein … ich weiß … wir beide wissen, daß du es nicht bist – aber für mich warst du immer mein *wirklicher* Vater. Und das wirst du auch immer bleiben. Deshalb will ich auch meinen leiblichen Vater gar nicht finden. Ich will nur meine leibliche Mutter kennenlernen.«

Mein Vater sagte nichts.

»Ich suche keinen Vater, Daddy«, versicherte ich ihm noch einmal. »Mein leiblicher Vater interessiert mich nicht. Er ist nicht wichtig für mich. Aber meine leibliche Mutter ist es.«

»Ich will dich nicht verlieren«, sagte mein Vater daraufhin ganz sanft.

»Oh, Daddy, du wirst mich nicht verlieren.« Ich ging ganz nahe zu ihm hin und lehnte mich an seinen Stuhl. »Ich will nicht noch eine Familie haben, eine andere Mutter und einen anderen Vater. Ich will nur Antworten finden.« Ich nahm eine seiner Hände in meine und hielt sie fest. »Daddy, als du aufgewachsen bist, mußtest du dich nicht fragen, woher du eigentlich kommst. Das haben dir deine Eltern gesagt. Du mußtest dir keine Geschichten ausdenken, warum dich deine leiblichen Eltern nicht gemocht haben. Deine Eltern haben dich gewollt. Wenn du Antworten und Erklärungen über dich selbst gebraucht hast oder wenn du etwas über die Geschichte deiner Familie hören wolltest, konntest du sie immer fragen. Das konnte ich nicht. Das kann ich immer noch nicht. Das ist aber nicht deine Schuld. Es ist einfach so, weil ich adoptiert bin. Verstehst du das?«

Als ich auf seine Antwort wartete, erinnerte ich mich daran, daß er – mit Ausnahme von wenigen Monaten – mein ganzes Leben lang für mich dagewesen ist. Davor hatte er zehn Jahre damit verbracht, eine Alkoholikerin zu lieben und zu versuchen, ihre Liebe lebendig zu halten. Er hatte seine Träume von einer gesunden, glücklichen Familie in einer Flut von Alkohol davonschwimmen sehen. Er hatte den schönen Schein der Familie weiterhin für eine Zeit aufrechterhalten, während er gleichzeitig schon längst ein alleinerziehender Vater war, als das noch sehr ungewöhnlich war. Und darüber hinaus hatte er zuallererst nur an mich gedacht, als er wieder geheiratet hat, um für mich wieder eine Mutter und ein gemütliches, herzliches Zuhause zu schaffen.

Vor meinen Augen verschwamm sein Bild, weil sich meine Augen mit Tränen füllten, die mir über die Backen liefen. Ich weinte nicht wegen mir selbst oder weil ich Kummer hatte, sondern um meinen herzlichen, lieben, freundlichen Vater, der sein Leben lang für mich dagewesen ist. Ich dachte mir: »Trotz aller Widrigkeiten, Amy, die dir in deiner Kindheit widerfahren sind, kannst du glücklich sein, so einen lieben Menschen als Vater gehabt zu haben. Sein wichtigstes Lebensziel war es, alles, was er tun konnte, zu tun, damit du gut versorgt warst.«

Laut sagte ich dann zu ihm: »Du weißt, Daddy, daß ich meine leibliche Mutter und Margery und viele Jahre der Kindheit verloren habe, aber dafür habe ich den besten Vater gehabt, den ich wahrscheinlich haben konnte. Du warst immer für mich da. Ich liebe dich, Daddy.«

»Ich liebe dich auch«, antwortete er und drückte meine Hand. »Ich wünsche mir nur, daß ich dir vieles leichter machen könnte.«

»Das tust du ohnehin schon, Daddy, allein schon, weil du für mich da bist.« Ich legte meine Arme um seinen Hals und fühlte mich sicher und geborgen – wie ein beschütztes Kind –, aber auch jung und verletzbar. Ich dachte an alle meine Gefühle über meine Adoption und meine Kindheit, mit der ich mich seit August beschäftigte. Ich wollte gar nicht, daß alle Gefühle hochkamen. Ich wollte ihnen nicht freien Lauf lassen, weil sie mich überwältigen konnten und mich wieder zu dem weinenden kleinen Kind machen würden, das sein Papa wieder beschützen mußte, so wie er mich sein Leben lang beschützt hatte. Ich wollte diese Gefühle alle anhalten und aufhören zu weinen, weil ich nicht wollte, daß er mich wieder wie ein kleines Kind weinen sehen würde. Als mich mein Vater aber so im Arm hielt, stiegen alle Gefühle in mir hoch, die ich 31 Jahre lang als adoptiertes Kind zurückgehalten hatte, und wollten heraus.

Deshalb ließ ich ihnen in Vaters Armen auch freien Lauf. Weinend erzählte ich ihm alles – alles, was ich Dir in den Briefen schon mitgeteilt habe –, wie es war, als adoptiertes Kind aufwachsen zu müssen und eine solche Kindheit erlebt zu haben.

Er hielt mich fest und hörte mir einfach nur zu.

Als dann mein Schluchzen in tiefes Seufzen übergegangen war und ich meine Tränen wieder getrocknet hatte, zog er mich langsam von sich weg und sah mir in die Augen. Ich sah, daß jetzt auch seine Augen ganz feucht waren.

»Oh, Daddy, ich wollte nicht, daß du weinst.«

Er lächelte mich an und sagte dann: »Ich hatte immer gedacht, Amy, daß alles für dich in Ordnung war und daß du glücklich seist. Ich dachte, daß du nur ein Zuhause und eine Mutter und einen Vater bräuchtest, damit du glücklich bist, und daß dann für den Rest deines Lebens alles in Ordnung sei. Aber jetzt erkenne ich, daß du wirklich etwas über dich selbst herausfinden mußt. Als du noch klein warst, war es nicht notwendig, solche Dinge zu wissen. Ich glaube nicht, daß es gut ist, jemandem schon in jungen Jahren so viele Einzelheiten über eine andere Mutter und einen Vater zu erzählen, weil man da noch nicht soweit ist, solche Informationen auch zu verarbeiten. Das hätte auch viel von den wichtigen Beziehungen zur Adoptivfamilie zerstört.

Wenn man aber älter ist, so wie du jetzt, dann sollte man, wenn man das will, auch Dinge über sich selbst herausfinden können. Vor allem, wenn es um die Krankengeschichte geht. Als wir dich adoptierten, sagte uns die Adoptionsstelle, daß du gesund seist. Aber damit allein kann man heute nichts mehr anfangen. Weil es Krebs und so viele andere Krankheiten gibt, die in der Familie liegen können, muß man allein schon deshalb die Krankengeschichte der Familie kennen. Wenn man zu einer Krankheit schon die Veranlagung hat, sollte man heute jede medizinische Vorsorge nutzen. Deine Gesundheit ist für mich sehr wichtig. Ich möchte wirklich nicht, daß dir irgend etwas passiert, was man vorhersehen hätte können, wenn man ausreichend informiert gewesen wäre.«

»Das denke ich auch«, meinte ich. »Mir würde es auch bessergehen, wenn ich nicht immer nur ›Ich weiß es nicht‹ auf die medizinischen Fragebögen schreiben müßte.«

Er nickte zustimmend.

Ich seufzte tief, stand auf und streckte meine Füße aus. »Was denkst du über alles andere, was ich dir erzählt habe, Daddy, daß ich zum Beispiel wissen will, woher ich komme und von wem ich abstamme?«

»Ich glaube, daß du, wenn es so wichtig für dich ist, das zu erfahren, auch die Antworten finden können wirst. Aber denke daran, wenn du deine leibliche Mutter finden solltest, daß du sie vielleicht gar nicht mögen wirst.«

Darüber dachte ich einen Augenblick lang nach. »Um ganz ehrlich zu sein, habe ich mir überhaupt noch nicht vorgestellt, was ich für meine leibliche Mutter *empfinden* werde. Ich weiß auch nicht, ob es für mich wichtig ist, ob ich sie mag oder ob ich sie nicht mag. Wie ich schon gesagt habe, ist es nicht die Person, die mich momentan interessiert, sondern vielmehr Informationen über die familiäre Krankengeschichte, mehr über meine wahre Herkunft zu erfahren und warum sie mich weggegeben hat.«

»Sie könnte dich wieder ablehnen, das weißt du«, warnte er mich. »Male dir auch die negativen Seiten aus. Vielleicht ist sie auch eine sehr instabile Person. Wer weiß schon, warum sie dich weggegeben hat. Vielleicht spinnt sie auch.«

Ich mußte lachen, als mein Vater sein Lieblingswort aussprach. »Ich habe mir noch nicht vorgestellt, daß sie spinnen könnte, Daddy. Das wäre auch ziemlich schlimm, denn das könnte ja bedeuten, daß ich auch spinne – genetisch gesehen, meine ich. Glaube mir, ich hätte lieber die Erbanlagen von jemandem, den ich kenne und dem ich vertraue – wie dir oder Mama –, als von jemandem, von dem ich überhaupt nichts weiß.«

»Selbst wenn du spinnen würdest, würde ich dich trotzdem noch liebhaben.«

»Danke, Daddy. Genau das wollte ich jetzt hören.«

Wir mußten lachen. Dann stand er auf, um zu gehen.

»Was passiert jetzt als nächstes?« fragte er mich, als er seinen Mantel anzog.

»Ich werde mich mit dem Sachbearbeiter in der Adoptionsstelle treffen.«

»Wann?«

»Das weiß ich noch nicht. Wenn ich mich dazu bereit fühle, aber ich weiß noch nicht, wann das sein wird. Ich glaube, unser Gespräch hat mir sehr geholfen. Und wenn ich weiß, daß du mir bei meiner Suche nach meiner leiblichen Mutter helfen wirst, wenn ich weiß, daß du für mich da bist, um mir zuzuhören und Ratschläge zu geben, wenn ich sie brauche, dann gibt mir das vielleicht auch die nötige Kraft und den Mut, bei der Adoptionsstelle anzurufen.«

»Ich unterstütze dich in jeder Weise«, antwortete er und knöpfte dabei seinen Mantel zu. »Ich will nicht, daß man dich verletzt. Ich will dich nicht verlieren. Und ich weiß, daß auch Sonja dich nicht verlieren will.«

»Du wirst mich nicht verlieren«, versicherte ich ihm. »Ich gehe nicht weg von hier. Ich suche nur nach einigen Antworten. Ich will nichts anderes oder jemand anderen. Du bist mein Vater, und Sonja ist meine Mutter. Daran wird sich nie etwas ändern, das will ich auch gar nicht.«

Ich gab meinem Vater einen Abschiedskuß, nachdem er mir gesagt hatte, daß er Sonja von unserem Gespräch erzählen wollte, wenn er zu Hause ist. Ich sah ihm nach, als er zum Auto ging, und winkte ihm vom Wohnzimmer aus nach, als er wegfuhr.

Als ich mir das Gespräch, das ich gerade mit meinem Vater geführt hatte, noch einmal durch den Kopf gehen ließ, setzte ich mich hin, um Dir diesen Brief zu schreiben.

Ich weiß jetzt, daß es mich sehr erleichtert hat, daß ich mit ihm gesprochen habe, obwohl ich das gar nicht vorgehabt hatte. Ich hatte mir vorgestellt, daß ich ihm und Sonja erst von den Ergebnissen *nach meiner Suche* berichten würde. Ich hatte gar nicht bedacht, daß ich ihn auf etwas vorbereiten mußte, was vielleicht gar nicht eintreten würde. Wer weiß schon, ob ich Dich finden werde?

Aber ich glaube, daß ich jetzt – *bevor* ich überhaupt das Ergebnis kenne – besser über die Suche reden kann. Mein Vater macht sich mehr Sorgen um meine Gefühle, die ich mit meinem Entschluß habe, Dich zu finden. Diese Gefühle haben auch viel mit ihm selbst zu tun und meiner Beziehung zu ihm.

Deshalb ist es auch sehr wichtig für uns beide, von Adoptivvater zu Adoptivkind, miteinander reden zu können. Diese Gefühle werden sich auch zwischen uns beiden, zwischen leiblicher Mutter und ihrem Kind, zeigen.

12. Oktober 1984

Liebe leibliche Mutter,
heute morgen habe ich Sonja angerufen und sie gefragt, ob ihr Daddy von meinem Entschluß berichtet hat, Dich zu finden. Das hatte er.
»Wie geht es dir dabei, seit du von meinem Vorhaben weißt?« habe ich sie gefragt.
»Gut«, meinte sie.
»Macht dir das keine Probleme?«
»Nein.«
»Bist du wirklich nicht verletzt oder hast Angst oder bist zornig?«
»Nein, wirklich nicht, nein.«
Für einige Zeit schwiegen wir beide.
Dann begann meine Mutter wieder zu reden. »Amy, ich weiß, warum das für dich sehr wichtig ist.«
»Wirklich?«
»Nun, ich sollte das vielleicht nicht so ausdrücken. Ich vermute, daß ich deine Gründe erraten kann.«
»Warum?«
»Weil du mit deiner Vergangenheit ins reine kommen willst. Habe ich recht?«

»Ja, ich will meine leibliche Mutter finden, weil ich meine Familienkrankheiten kennenlernen will und weil ich gerne wissen würde …«

»Daddy hat mir alles erzählt«, unterbrach sie mich. »Aber ich glaube, daß du in Wirklichkeit mit deiner Vergangenheit abschließen willst. Solange es dich immer noch beschäftigt, was vor vielen Jahren geschehen ist, bleibt deine Vergangenheit für dich immer gegenwärtig und lebendig. Um mit ihr abzuschließen, mußt du dich damit auseinandersetzen und sie bewältigen. Dann kannst du dein Leben in der Gegenwart weiterleben.«

Vielleicht konnte Sonja objektiver damit umgehen, weil sie weder meine biologische noch meine Adoptivmutter war. Vielleicht wußte sie viel genauer als ich, warum es für mich notwendig war, in meinem Leben nach soviel Wirrwarr Kontinuität herzustellen. Vielleicht dachte sie auch nur praktischer, als das ich oder mein Vater je tun konnten, weil bei uns unsere Empfindungen so eng mit der Vergangenheit verwoben waren.

Aber Sonja hatte, aus welchen Gründen auch immer, sehr scharfsinnig und haargenau die wahren Gründe herausgefunden, warum es für mich so wichtig ist, Dich wie eine Stecknadel im Heuhaufen zu suchen.

Ich muß Dich finden, um mit meiner Vergangenheit abschließen zu können.

Liebe leibliche Mutter,
in den letzten Tagen habe ich oft über mein Gespräch mit Sonja nachgedacht.
Ich habe erkannt, daß wir in diesem einen kurzen Telefongespräch die ersten Anfänge einer wirklichen Mutter-Tochter-Beziehung erreicht haben. Sie hat mir gezeigt, daß sie mich versteht, und sie konnte mir sagen, was ich wirklich fühle, so wie es mein Vater nicht verstehen konnte. Und obwohl wir uns beide eigentlich nicht sehr nahestehen, konnte sie sich mit mir unterhalten, so wie es nur eine Mutter kann, wie ich glaube.
Ich frage mich jetzt: Ist es auch ein Grund für mich, Dich zu suchen, um eine Art Mutter-Tochter-Beziehung zu erleben – eine, die ich mit Margery nie hatte, eine, die ich nur kurzfristig bei meiner Pflegemutter Mom Fowler erleben konnte, bei der sie nicht selbstverständlich war, und eine, die ich bis vor kurzem mit Sonja nie erlebt hatte?
Werden ich und Du in der Lage sein, wie Mutter und Tochter miteinander zu reden, obwohl wir voneinander nicht viel wissen?
Ist eine Mutter-Tochter-Beziehung etwas, was sich im Laufe der Zeit entwickelt, oder etwas Natürliches, das weder Zeit noch Lebensumstände zerstören können?

Liebe Mutterfigur,
vielleicht habe ich jetzt eine Antwort auf meine
letzte Frage im letzten Brief gefunden. Hier ist sie:
Ich glaube, daß eine Mutter-Tochter-Beziehung
sehr natürlich ist und sie weder durch Zeit noch
durch Lebensumstände zerstört werden kann.

Diese Schlußfolgerung habe ich aus den Ereignissen gezogen, die ich 1976 mit Margery erlebt habe,
als ich traurigerweise erfahren mußte, daß sie im
November 1975 bei einem Brand in ihrer Wohnung ums Leben gekommen ist.

Von ihrem Tod hätte ich gar nichts erfahren, wenn
sie mich nicht als Teilerbin eingesetzt hätte. Ihre
Anwälte sandten mir Anfang 1976 eine Kopie, als
die Verteilung ihres Nachlasses geregelt wurde. Ich
erinnere mich noch, wie erstaunt ich damals war,
als ich las: »Für meine Tochter, Amy Elizabeth
Dean ...« Ich konnte nicht verstehen, warum sie
mich immer noch als ihre Tochter sah, obwohl sie
mich seit meinem vierten Lebensjahr nicht mehr
gesehen hatte und weder mit mir noch mit meinem Vater Kontakt hatte.

Aber als ich in einem Brief an Mom Fowler Margerys Tod erwähnte (Mom Fowler und ich schrieben uns regelmäßig Briefe und besuchten uns einige Male im Jahr für kurze Zeit), erfuhr ich in ihrer
Antwort die Gründe, warum mich Margery nach
all den Jahren immer noch als Tochter ansah.

Mom Fowler sandte mir einen Brief, den ihr Margery 1956 geschrieben hatte, als die Fowlers für mich als Pflegeeltern bestimmt wurden. Als ich Margerys sorgfältig abgefaßten handschriftlichen Brief immer wieder las, wurde mir klar, daß sie mich immer noch, bis zu ihrem Tod, als ihre Tochter betrachtet hatte, *weil sie meine Mutter war.* Und nichts – nicht die Scheidung und nicht der Verlust des Sorgerechts, daß sie mich nicht mehr sehen durfte und nicht ihr Alkoholismus – konnte an ihrer Meinung etwas ändern.

Ihr Brief ist für mich ein Beweis für Mutterliebe, weil sie mich schon von klein auf als Baby gekannt hatte wie niemand sonst – nicht Du, nicht Mom Fowler und nicht Sonja. Ihre Worte sind die Worte einer Mutter, die ihr Kind liebhatte und die, weil es eine Mutter-Tochter-Beziehung gab, auch nie aufgehört hat, mich zu lieben.

Liebe Mrs. Fowler!

Spiele

Es mag Sie sehr erstaunen, daß ich Ihnen alles so aufschreibe, wie es mir in den Sinn kommt. Mit Amy werden Sie nicht viel Arbeit und sehr viel Freude haben. Sie ist ein wunderbares Kind und spielt sehr gerne allein, obwohl sie auch sehr gerne mit anderen Kindern spielt. Am liebsten spielt sie »Geld« (wechseln), Karten oder mit allem, was Karten ähnlich sieht, wie Aufkleber, Glückwunschkarten und so weiter. Ich hoffe, daß Sie oder irgend jemand Ihrer Bekannten einen Sandkasten haben.

Dort spielt sie stundenlang. Sie wird Ihnen erzählen, daß sie »im Sommer an den Strand gehen und im Sand spielen« will. Noch fürchtet sie sich ein bißchen davor, aber wir hoffen, daß wir sie bald mitnehmen können.

Sie mag Bücher und hört sehr gerne zu, wenn man ihr vorliest.

Sie spielt gerne Verstecken und wird gerne huckepack getragen.

Sie bäckt sehr gerne Kuchen im Sandkasten und hilft Ihnen selbst auch gerne beim Backen.

Im Fernsehen sieht sie am liebsten Sendungen mit der Mickymaus – was Sie ihr nicht vorenthalten sollten. Ihre übrigen Lieblingssendungen laufen meist mittags. Sie spielt auch gerne und lange mit ihren Tassen im Spülwasser, wenn ich das Geschirr abgewaschen habe, während ich die Küche wische.

Sie hört auch gerne ihre Musikkassetten.

Sie ist auch gerne draußen, aber läuft dabei viel herum.

Sie »schreibt« gerne mit Stiften Papier voll und malt gerne. Stifte nennt sie »Schreiber«.

Toilette

Wenn sie Verstopfung hat, gebe ich ihr einen Teelöffel voll Castoria.

Sie braucht immer noch Windeln (eine doppelte und zusätzlich ein Windelhöschen für nachts). Ansonsten kann sie das schon sehr gut. Tagsüber trägt sie Windelhöschen. Wenn sie auf den Topf muß, kommt sie und sagt zu Ihnen, daß sie zum »John« gehen muß.

Kleine Geschäfte nennt sie »Pissen«.

Große Geschäfte heißen »Viel«.

Manchmal möchte sie, daß man bei ihr bleibt, wenn sie auf dem Topf sitzt, aber meist ist sie dabei am liebsten allein.

Ihren Hintern nennt sie »Popo«, und wenn sie unartig ist, bekommt sie einen Klaps auf den Popo.

Schlafen

Zu Mittag ißt sie gegen zwölf Uhr und sieht dabei Fern-sehserien (Valiant Lady, Love of Life, Search for Tomorrow *und* Guiding Light). *Dann macht sie ge-gen ein Uhr Mittagsschlaf. Meist trödelt sie noch eine Weile in ihrem Zimmer herum, dann muß man zu ihr gehen und ihr sagen, daß sie »nicht mehr herumtrödeln« soll. Meist schläft sie oder ist zweieinhalb Stunden lang ruhig. (Natürlich gibt es auch Tage, an denen sie nicht schläft, sondern ruhig in ihrem Zimmer spielt.) Abends geht sie gegen acht Uhr ins Bett und sieht sich noch die Autos vor dem Fenster, die Sterne und den Mond an. Dann müssen Sie noch zwei- oder dreimal zu ihr gehen, um ihr einen Gutenachtkuß zu geben, sie umarmen und sich noch einmal ausführlich von ihr verabschieden.*

Wenn Sie einen Schaukelstuhl haben, dann wird sie abends gerne darin geschaukelt und will Rockabye Ba-by *vorgesungen haben.*

Abends bringt sie ihr Vater ins Bett.

Morgens wacht sie zwischen halb sieben und halb acht Uhr auf.

Essen

Amy ist eine sehr schlechte Esserin. Sie lebt von Vitami-nen, Milch, Schokolade, Auberginen (jeden Abend eine) und Orangen. Daneben mag sie aber auch noch:

Wooddy's Chuck o'Good Cheddar Cheese, Hamburger, V-8-Gemüsesaft, Corn-flakes, Hot dogs, Ananassaft, Eis, Hühnchen, Fisch, gebratenen Speck, Birnen, Pfirsiche und Ananas, geschlagene Creme, gekochte oder gebackene Kartoffeln, Mais, Kartoffelchips, Brötchen mit Haselnußcreme und Erbsen.

Ich hoffe, Sie schaffen es, daß sie etwas mehr ißt.

Amy liebt alle Tiere, vor allem Hunde, aber auch Katzen, Vögel und Insekten jeder Art.

Sie fährt auch gerne Auto, was sie »bye bye« nennt.

Sie interessiert sich für alles, was um sie herum passiert.

Wir glauben, daß sie schon sehr gut sprechen kann, und man kann sich schon richtig mit ihr unterhalten. Sie scheint schon alles zu verstehen.

Jeden Sonntag morgen will sie in der Badewanne mit Badezusatz baden. Dann will sie Ihnen zeigen, wie sie die nassen Haare zurückwerfen kann, ohne daß ihr dabei Seife in die Augen kommt.

Amy ist ein sehr liebes Mädchen. Bitte schenken Sie ihr auch viel Liebe.

Wir werden sie sehr vermissen.

Mit freundlichen Grüßen
Margery und Bruce Dean

P.S.: Sie geht auch sehr gerne in großen Kaufhäusern einkaufen. (Sie weiß, wo alles ist.)

Liebe leibliche Mutter,
ich fühle mich immer wieder traurig und depri-
miert, wenn ich Margerys Brief lese. Ich bin traurig
wegen ihr. Ich kann aus diesem Brief nicht schließen, ob sich Margery vorstellte, daß ich nur für
einige Zeit von ihr weggenommen worden bin
oder für immer. Ich nehme an, Margery glaubte
(wie alle Alkoholiker), daß es ihr bald bessergehen
würde und daß ich dann wieder zu ihr nach Hause
kommen würde. Aber in ihrem Brief spürt man
auch deutlich eine Melancholie und eine Hoff-
nungslosigkeit, woraus man schließen kann, daß sie
doch annahm, daß sie mich nicht wiedersehen
würde.
Ich frage mich: Hast Du selbst jemals solche Gefühle gehabt, als Du mich aufgegeben hast?

25. Oktober, etwas später

Liebe erste Mutter,
ich habe noch länger über Margerys Brief nachgedacht und auch über Dich.
Ich frage mich: Was geht in Dir vor, wenn Du
ihren Brief liest? Ist das, was sie schrieb, auch das,
was Du erlebt und empfunden hast – oder jede
andere Mutter, die ihre Tochter, ihr eigenes

92

Fleisch und Blut, aufgegeben hat, die dann bei jemand anderem großgezogen wird? Wäre es Dir sehr schwergefallen, so einen Brief zu schreiben und gezwungen zu sein, darüber nachzudenken, welche Dinge für Dein Baby wichtig sind, die jemand anderer, der sich um das Kind kümmert, beachten muß, und darauf zu vertrauen, daß Dein eigenes Kind von jemand anderem geliebt und aufgezogen wird, weil Du es nicht willst?

Vielleicht sind meine Annahmen über eine Mutter-Tochter-Beziehung richtig: daß die Beziehung nicht in erster Linie durch die Zeit, durch Ereignisse und durch Erinnerungen entsteht. Sondern daß sie entsteht durch die Erfahrungen, ein Kind im Bauch zu tragen, es auf die Welt zu bringen, sich um das Kind zu kümmern, sich für das Kind verantwortlich zu fühlen und Liebe für das Kind zu empfinden.

29. Oktober 1984

Liebe leibliche Mutter,
ich frage mich, ob Margery, wenn ich heute zu ihr noch Kontakt hätte, meinen Wunsch, Dich zu suchen, mit so viel Klarheit, Wissen und Verständnis wie Sonja akzeptieren würde.

Hätte Margery nicht getrunken und wäre ich nicht in der Pflegefamilie gewesen, würden meine

Adoptiveltern immer noch zusammenleben. Wäre dann Margery dagegen, daß ich Dich suche, oder wäre sie sehr verletzt?

Würde mich mein Vater auch unter diesen Umständen unterstützen?

2. November 1984

Liebe Mutter aus der Vergangenheit,

ich habe Angst, daß ich, wenn ich nicht bald mit der Suche nach Dir beginne, jetzt wo ich Anfang 30 bin und Du (wahrscheinlich?) gut 50, daß mir dann der Tod wieder eine Mutter wegnehmen könnte.

Aber jetzt frage ich mich:

Was mache ich, wenn Du bereits tot bist?

Ich habe mich entschlossen, Dich zu suchen, weil ich Dich treffen möchte, Dich sehen möchte und irgendeine Beziehung zu Dir aufbauen möchte.

Aber wenn Du gar nicht mehr am Leben bist? Wenn Du keine Beziehung zu mir aufbauen *kannst*? Was mache ich dann?

Bis jetzt habe ich angenommen, daß Du noch am Leben bist. Aber Du hättest auch krank sein können und kurz nach meiner Geburt sterben können. (Trotzdem müßte ich Dich immer noch »finden«, weil ich Deine Todesursache vielleicht geerbt haben könnte.) Du könntest auch schon gestorben sein, als ich noch ein Kind war und mich als Waise zurückgelassen haben (so wie ich es mir in einer meiner Theorien, warum ich adoptiert worden bin, immer ausgemalt habe). Oder Du hättest sterben können, nachdem Du mich zur Adoption freigegeben hast.

Wenn Du nicht mehr am Leben bist, was mache ich dann mit all meinen Gefühlen, die ich für Dich und meine Adoption empfinde?

Werden diese Gefühle dann auch mit Dir sterben?

4. November 1984

Liebe unbekannte Frau,
was ist, wenn Du eine Alkoholikerin wie Margery bist? Oder drogensüchtig? Oder eine Prostituierte? Wenn Du eine Landstreicherin bist? Wenn Du schlampige Kleidung trägst und zuviel Make-up aufgelegt hast, pausenlos trinkst, Kettenraucherin bist und viel zu laut redest?

Was passiert dann, wenn *Du* meine Mutter bist?

6. November 1984

Liebe Frau aus längst vergangener Zeit,
was ist, wenn Du berühmt bist und nichts mehr von mir wissen willst? Wenn Du mich als jeman-

den betrachtest, der Deine Karriere oder Dein Leben ruinieren könnte?

Wenn Du mir eine große Summe Geld anbietest, damit ich niemandem sage, daß Du meine Mutter bist? Würde ich das Geld dann nehmen? Oder würde ich Dich einfach wieder verlassen und das tun, worum Du mich gebeten hast – den Mund halten?

7. November 1984

Liebe leibliche Mutter,
vielleicht hast Du auch all diese Jahre darauf gewartet, mich wieder zu treffen, so wie es in den rührenden Adoptionsgeschichten in den populären Frauenzeitschriften immer zu lesen ist?

Wenn Du jetzt gerade in Deiner Küche arbeitest und von Zeit zu Zeit auf das Telefon an der Wand starrst und Dich fragst, wann es wohl klingeln wird, und eine Stimme sagen wird, daß Dich Deine Tochter gerne sprechen würde?

Wenn Du mich an Deinem Leben teilhaben lassen willst? Wenn Du einen Mann und Kinder hast, aber auch ein Teil meiner Familie sein willst?

Was wird sein, wenn Du Dein Fleisch und Blut zurückverlangst?

Ich habe solche Angst, daß Du mich wieder abweisen wirst, wenn und falls ich Dich finde.

96

Aber ich habe mir noch gar nicht vorgestellt, wie es sein könnte, wenn Du mich mit offenen Armen aufnehmen wirst.

11. November 1984

Liebe Frau, die ich jetzt zu finden bereit bin,
seit heute habe ich aufgehört, immer wieder an alle
»Was-wäre-wenn«-Einwände zu denken.
Ich habe beschlossen, bei der Adoptionsstelle nach
den Ferien anzurufen, denn ich glaube, daß die
Ferienzeit ohnehin hektisch genug und emotional
aufrührend wird, daß ich nicht noch mehr Aufre-
gung gebrauchen kann.
Für heute und bis zum Beginn des neuen Jahres
habe ich mir vorgenommen, daß ich mich weniger
auf die Ergebnisse der Suche nach Dir einstelle,
sondern mehr versuchen will, mein eigenes Leben
bewußter zu leben.
Dann, wenn 1985 begonnen hat, werde ich meinen guten Vorsatz für das neue Jahr fassen: Ich will
alles versuchen, um Dich zu finden.

Während der Suche

Man kann seine Vergangenheit nicht begraben, man lebt mit ihr.

May Sarton in »The Small Room«

Das »Adoptionsdreieck« von Kind, leiblichen Eltern und Adoptiveltern ist schon immer eine der Beziehungen mit den meisten Geheimnissen im Leben der Amerikaner gewesen.

Arthur Kroeber,
Reporter des »Boston Globe«

1. Januar 1985

Liebe leibliche Mutter,
ich wünsche Dir – und uns?!? – ein gutes neues Jahr!
Heute mußte ich an den Spruch von Ralph Waldo Emerson über die Bereitschaft, Risiken einzugehen, denken, als ich meinem Vorsatz treu blieb, so bald wie möglich mit der Suche nach Dir zu beginnen:
»Man soll nicht zu schüchtern und zu vorsichtig bei seinen Taten sein. Das ganze Leben ist ein einziges Experiment.«

Ich glaube, daß es, obwohl die meisten Experimente je nach ihren Resultaten entweder erfolgreich oder erfolglos verlaufen, nur sehr wenige Experimente gibt, bei denen man »seine Zeit verschwendet« oder daß man »sie lieber nie unternommen hätte«.

Für mich heißt Emersons Grundsatz, daß *jedes* Experiment, das man im Leben wagt, irgendwie wertvoll ist, ganz egal, wie es ausgeht, weil man daraus immer etwas lernen kann.

Ich weiß noch nicht, was ich finden werde, wenn und falls ich Dich finde, aber die Endergebnisse sind dabei gar nicht so wichtig, sondern eher die Erfahrungen, die ich dabei machen werde.

Dich zu suchen, ist ein *Experiment*, was danach passieren wird, ist meine *Erfahrung*.

9. Januar 1985

Liebe leibliche Mutter,
heute habe ich in meinem Büro einen Brief gelesen, den ich vom Chef meiner Firma erhalten habe. Der Brief begann folgendermaßen:

Liebe Amy,
wir bedauern zutiefst, daß Ihnen die Firma Parker Brothers mitteilen muß, daß wir zum 11. Januar 1985 Entlassungen aussprechen müssen. Leider sind auch Sie davon betroffen …

Obwohl mich diese Nachricht nicht unvorbereitet traf – die Firma hatte schon vorher etliche Leute entlassen müssen, und es war allgemein in der ganzen Branche bekannt, daß es mit der Firma nicht zum allerbesten stand – hatte ich immer noch daran geglaubt, daß ich für die Firma zu wichtig sei und als zu fleißig galt, zu beliebt war und als Kollegin viel zu nett war – zu was auch immer –, als daß man mich entlassen könnte.

Ich dachte, die Firma würde mich nicht entlassen, weil ich ganz einfach ich war.

Aber bei Entlassungen nimmt man nur selten Rücksicht auf die individuelle Persönlichkeit eines Angestellten. Dabei geht es nur um Zahlen – um Gewinn und Verlust, Produkte und Verkaufszahlen, um Statistik und Umsatz.

Parker Brothers bildet da keine Ausnahme.

Und Amy Dean ist da auch nur eine unter vielen und keine Persönlichkeit.

Heute wurde ich das Opfer von Umständen, auf die ich keinen Einfluß hatte.

15. Januar 1985

Liebe leibliche Mutter,
ich habe gerade noch einmal meinen letzten Brief an Dich gelesen. Ich bin ganz erstaunt darüber, wie wichtig der letzte Satz für mich ist:

»… wurde ich das Opfer von Umständen, auf die ich keinen Einfluß hatte.«

Obwohl ich diesen Satz in keinem meiner Briefe auf Dich gemünzt geschrieben habe, glaube ich, daß er haargenau auf unser Verhältnis zutrifft – daß ich mich so fühle, als wäre ich von einer Reihe von Ereignissen betroffen gewesen, die ich nicht ändern konnte und auf die ich keinen Einfluß hatte. Dieses Gefühl, machtlos zu sein, begann schon mit meiner Adoption und hielt mein ganzes Leben lang bei vielen anderen Erfahrungen an.

Beispielsweise konnte ich vor Jahren nicht zu Dir sagen: »Hey, gute Frau, laß mich nicht im Stich! Wir werden das schon schaffen. Du wirst schon sehen.«

Ich konnte nicht zu Margery sagen: »Laß die blöde Trinkerei sein und sei endlich meine Mutter.«

Ich konnte nicht zu meinem Vater sagen: »Hol mich bitte heraus aus dieser Pflegefamilie, bring Margery dazu, daß sie mit dem Trinken aufhört und laß uns wieder eine Familie sein.«

Ich konnte nicht zu Sonja sagen: »Los, du kannst jetzt in meinem Leben wieder alles in Ordnung bringen.«

Seit dem Tag, an dem ich geboren wurde, wurden Entscheidungen getroffen, die mich betroffen haben und die mein Leben entscheidend beeinflußt haben, aber ich konnte weder meine Gefühle noch meine Gedanken dazu beitragen, noch die Konsequenzen dieser Entscheidungen bestimmen.

Seitdem ich jetzt arbeitslos bin, bin ich wieder machtlos. Ich konnte diese Entscheidung auch nicht beeinflussen. Die Firma hat mich nicht gefragt, wie ich mich dabei fühlen würde, wenn sie mich entlassen. Die Firma fragt mich auch jetzt nicht, wie es mir geht. Ich kann den Entschluß der Firma nicht rückgängig machen. Die Entscheidung ist getroffen worden. Ich bin entlassen. Das ist alles. *Ich kann es nicht ändern.*

19. Januar 1985

Liebe leibliche Mutter,
erinnere Dich daran, was ich Dir in einem früheren Brief über die Verluste, die ich bisher im Leben erlitten habe, geschrieben habe. Einer türmt sich auf den anderen. Begonnen hat alles damit, daß ich Dich als Mutter verloren habe.
Mir geht es heute auch noch in vielen Situationen so, daß ich mich machtlos fühle. Meine Adoption war die erste Situation, der ich hilflos ausgesetzt war. Dann kam Margerys Alkoholismus. Dann mußte ich zu der Pflegefamilie. Dann ließen sich meine Adoptiveltern scheiden.
So wie mich das Gefühl für die vielen Verluste, die ich in meinem Leben erlitten habe, überwältigt, so machtlos fühle ich mich auch den ganzen Situationen ausgesetzt. Ich kann nichts mehr in der richti-

gen Perspektive beurteilen. Ich kann keinen Verlust mehr für sich allein beurteilen.

Denn wie die Verluste scheinen sich auch die Situationen, denen ich machtlos ausgeliefert bin, aufeinanderzutürmen, so daß ich das Gefühl habe, ich hätte mein ganzes Leben lang seit dem Tag 1 nur Situationen erlebt, in denen mir niemand zuhörte, keiner mich nach meiner Meinung gefragt hat, sich nicht um mich gekümmert hat und schonungslos über mich bestimmt wurde – *daß ich einfach machtlos war.*

25. Januar 1985

Liebe leibliche Mutter,

letzte Nacht habe ich vom riesigen »Berg« von Verlusten und der Machtlosigkeit, die ich in meinem Leben erfahren habe, geträumt. Im Traum war es Sommer, und ich war beim Campen auf einem meiner liebsten Campingplätze in Vermont. Ich sammelte Holz, um daraus ein großes Feuer zu machen. Dann schichtete ich das Holz schön viereckig aufeinander, so wie ich es im Ferienlager gelernt hatte.

Der kleine Holzstoß, den ich entfachen wollte, um darauf mein Abendessen zu kochen, wurde immer größer und größer. Aber ich hörte nicht damit auf, weiter Scheite auf ihn zu legen, obwohl der Holzstoß immer noch größer wurde. Mittlerweile kniete ich nicht mehr nur vor dem Holzstoß, sondern stand bereits, um weiter Scheite aufschichten zu können. Bald schon mußte ich mich strecken, um Scheite oben auf den Stoß legen zu können, der schon über meinen Kopf reichte.

Aber ich hörte immer noch nicht damit auf, weiter Scheite auf den Holzstoß zu legen. Ich lief wieder in den Wald und sammelte kleine, trockene Zweige, die ich auf meine Feuerstelle legte. Bald schon war sie riesengroß.

Ganz erschöpft zündete ich schließlich ein Streichholz an und hielt es unten an den Holzstoß. Sofort brannte der ganze aufgeschichtete Haufen lichterloh. Kurz danach stand ich schon vor einem Flammenmeer.

Ich erinnere mich, daß ich mir – im Traum oder im Halbschlaf – dachte, daß das Feuer bald außer Kontrolle geraten und den ganzen Campingplatz niederbrennen würde. Falls das passieren würde, würde ich nicht mehr hierherkommen dürfen. Die Betreiber würden mir sagen, daß sie mich hier nicht mehr sehen wollten.

Aber dieser Gedanke machte mich nur wütend. Anstatt jedoch zu versuchen, das Feuer zu löschen, lief ich noch einmal in den Wald. Wie rasend schlang ich meine Arme um jeden Baum, an dem ich vorbeikam, riß ihn aus und trug ihn zum Feuer, dessen Flammen jetzt schon hoch über meinem Kopf zusammenschlugen und alles in ein Inferno verwandelt hatten, in dem in alle Richtungen rote Funken sprühten.

Ich riß alle Bäume des Waldes aus, bis kein einziger mehr vorhanden war, und schürte so lange das Feuer, bis es vollkommen außer Kontrolle geraten war. Als alles vorüber war – als nur noch einige verkohlte Baumstümpfe herumstanden und dichter Rauch die Luft erfüllte –, war ich auf einmal ganz erleichtert und der letzte Funken von Frustration war in mir selbst erloschen.

Ich vermute, daß dieser Traum die Machtlosigkeit symbolisiert, die ich empfinde, seit ich arbeitslos bin, weil das ein weiterer »Baum« im »Feuer der Machtlosigkeit« ist, aus dem sich mein ganzes Leben bis jetzt zusammensetzt.
Aber während ich machtlos bin, meine Arbeit wiederzubekommen oder irgend etwas zu ändern, was mir in meiner Kindheit passiert ist, habe ich selbst die Macht, zu bestimmen, ob ich Dich suche.
Das habe ich unter Kontrolle.

31. Januar 1985

Liebe leibliche Mutter,
vor einigen Stunden habe ich die Adoptionsstelle angerufen und einen Termin für den 21. Februar – in etwa drei Wochen – ausgemacht. Das war der erste mögliche Termin, den mir die Sachbearbeiterin anbieten konnte und den ich zwischen meinen Vorstellungsgesprächen und den freien Aufträgen, die ich angenommen habe, wahrnehmen kann.

Die Sachbearbeiterin heißt Mary Ann.

Die Adoptionsstelle ist in der Cedar Street 21 in Worcester. Sie haben mir auch gesagt, wie ich dorthin komme, weil ich die Cedar Street nicht kenne.

Das Telefonat war nur sehr kurz.

Nachdem ich das Telefon wieder eingehängt hatte, bin ich erst mal ein paarmal um das Haus gerannt. Ich wollte, ich hätte noch Arbeit.

Ich wollte, ich hätte etwas zu tun, damit ich nicht alle meine Gedanken darauf richten würde, diese 21 Tage, 504 Stunden, 30.240 Minuten oder 1.814.400 Sekunden zu warten (wie ich mit dem Taschenrechner ausgerechnet habe, um mich ein bißchen abzulenken!).

Ich bin sehr nervös, obwohl der Termin erst in ein paar Wochen ist.

Ich frage mich: Was soll ich anziehen?

6. Februar 1985

Liebe leibliche Mutter,

was ist, wenn ich etwas Falsches sage, wenn ich Mary Ann treffe, etwas, worauf sie meint, daß ich nicht nach Dir suchen sollte?

Soll ich ihr über meine Kindheit erzählen? Soll ich ihr erzählen, daß Margery eine Alkoholikerin war? Wenn ich das tue, wird sie dann denken, daß ich mich bei der Agentur beschweren oder sie kritisie-

ren will, weil sie nicht erkannt haben, daß Margery
eine Trinkerin war, als sie mich zur Adoption freigegeben haben?

13. Februar 1985

Liebe leibliche Mutter,
jetzt ist es nur noch eine Woche!
Ich habe beschlossen, daß ich Mary Ann alles erzählen werde, was sie über mich wissen will, wie
ich mich fühle und was mir alles passiert ist, nachdem ich zur Adoption freigegeben worden war.
Ich will nichts verbergen und sie auch nicht anlügen.
Worum geht es denn eigentlich? Ich suche Dich,
ich will Antworten finden und die Wahrheit her-
ausbekommen.
Deshalb will ich auch offen und ehrlich über alles
mit Mary Ann reden.

21. Februar 1985

Liebe leibliche Mutter,
ich habe Mary Ann jetzt zum erstenmal getroffen.
Es war ein kurzer Besuch, der vielleicht nur 30
oder 40 Minuten gedauert hat.

Zuerst stellte mir Mary Ann viele Fragen über mich selbst und über mein Leben. Ich habe ihr alles erzählt, was ich erlebt habe, nachdem ich adoptiert worden war, bis bin zu meinen Gründen, weshalb ich Dich finden will.

Dann fragte sie mich nach meinen Verwandten und Bekannten, die ich heute habe – nach meiner Familie, nach Freunden und so weiter. Sie erklärte mir, daß sie wissen müsse, wer mich emotional unterstützen würde, weil es sehr aufwühlend und emotional sehr verwirrend sein kann, die leiblichen Eltern ausfindig zu machen. Sie sagte mir, daß es für mich sehr wichtig sei, Leute zu haben, mit denen ich reden kann, die mir weiterhelfen können, wenn ich bei der Suche nach Dir Probleme hätte.

Ich erzählte ihr ausführlich über mein gutes Verhältnis zu meinem Adoptivvater und mein letztes Gespräch mit Sonja, und ich sagte ihr auch, daß ich eine hilfsbereite und verständnisvolle Freundin hätte und einen Therapeuten, der mit meinen Lebensumständen schon vertraut sei.

Gegen Ende unserer Unterhaltung fragte sie mich, ob ich Dich finden wollte.

»Ja«, versuchte ich so ruhig und kühl wie möglich zu antworten, weil ich mir dachte: »*Natürlich* will ich meine leibliche Mutter finden. Weswegen wäre ich sonst hier?«

»Dann werde ich mit meinem Vorgesetzten sprechen und Ihnen in einigen Tagen unsere Entscheidung mitteilen, ob wir das Verfahren fortsetzen wollen, das heißt, daß wir Ihnen Informationen geben wollen, ohne jedoch die Identität der Person selbst preiszugeben.«

»Oh«, konnte ich daraufhin nur sagen. Ich wußte, daß sie die Enttäuschung herausgehört haben muß- te, weil sie eine Augenbraue hob.

»Ich dachte, nun, ich nahm an, daß das alles heute passieren würde«, erklärte ich ihr und lächelte sie dabei an. »Aber ich habe wirklich ernsthaft über alles nachgedacht – diese Überlegungen haben mich seit August geradezu zwanghaft verfolgt, um es genauer auszudrücken. Sie haben mich eben erst kennengelernt. Natürlich brauchen Sie Zeit, um alles vorzubereiten. Es tut mir leid. Ich bin einfach zu ungeduldig.«

»Das verstehe ich nur zu gut«, antwortete sie. »Aber es ist sehr wichtig für mich, zu wissen, daß Sie die Informationen, die ich Ihnen geben kann, und die Tatsachen, wenn wir Ihre leibliche Mutter ausfin- dig machen können, auch verarbeiten können. *Daß es Ihnen gutgeht, ist das, was für mich und die Agentur wichtig ist.*«

22. Februar 1985

Liebe leibliche Mutter,
heute war ein sehr langer Tag. Obwohl Mary Ann gesagt hatte, sie würde mich in einigen Tagen an- rufen und mich die Entscheidung der Adoptions-

stelle wissen lassen, bin ich jedesmal, wenn das Telefon klingelte, nervös aufgesprungen.

Ich weiß nicht, was ich machen werde, wenn sich die Agentur dazu entschließt, mir bei der Suche nicht weiterzuhelfen. Soll ich einen negativen Bescheid als Indiz dafür nehmen, daß ich emotional noch nicht dazu bereit bin, Dich zu sehen? Oder soll ich dann die Suche auf eigene Faust fortsetzen? Oder könnte ich auch Detektive anheuern, die mir behilflich sein könnten? Ich frage mich, ob das sehr teuer ist. Oder vielleicht kann mir ein Anwalt weiterhelfen?

Ich bin so ungeduldig. 30 Jahre lang habe ich nicht versucht, Dich zu finden. Jetzt kommt mir jede Minute wie wertvolle und verschwendete Zeit vor.

23. Februar 1985

Liebe leibliche Mutter,
heute rief mich Mary Ann an, um mir mitzuteilen, daß mir die Agentur bei meiner Suche nach Dir behilflich sein will!

Deshalb werde ich Mary Ann in einigen Tagen wieder treffen. Dann wird sie mir Informationen über Dich geben, ohne mir Deinen Namen zu nennen.

Ich bin so aufgeregt!

Ich kann es gar nicht erwarten, mehr über Dich zu erfahren!

Liebe leibliche Mutter,
als ich heute Mary Ann in ihrem Büro getroffen
habe, öffnete sie ihre Akten und überreichte mir
ein Stück Papier mit den folgenden Informationen
über Dich und mich. Ich saß ihr auf einem Stuhl
gegenüber und las auf dem Blatt Papier, das sie mir
gegeben hatte:

Leibliche Mutter (Methodistin)
18jährige Frau, die bei Verwandten in Worcester
County wohnt und nach der Geburt des Kindes
mit der Mutter und der älteren Schwester in einen
anderen Staat ziehen will. Ihre Eltern ließen sich
scheiden, als die Kindesmutter noch klein war, der
Vater hat wieder geheiratet.
Vom Arzt untersucht; kam im Sommer nach ihrem
High-School-Abschluß in diese Gegend, um ihr
Kind zu bekommen und zur Adoption freizugeben.
Weiß von der Schwangerschaft seit sechs Monaten,
ihre Mutter hat sie betreut.
Der Sozialarbeiter berichtete einen Monat vor der
Geburt des Kindes über die Mutter: »Attraktives
Mädchen, zwischen 1,65 und 1,75 m groß, sehr
hübsch, sandfarbenes Haar, heller Teint, extrover-
tierte Persönlichkeit.« Schottische, englische und
irische Abstammung.
Über den Vater machte er folgende Angaben: 25
Jahre alt, verheiratet, weiß nichts von der Schwan-

gerschaft, italienischer Abstammung, bei guter Gesundheit. Arbeitet als technischer Zeichner.

Baby: Linda Joan (die Mutter hat es nicht gesehen)
Geburtsdatum: 3.10.1953

3.270 g, 52 cm. Normales, gesundes, gut entwik-
keltes Baby.

Der Entschluß, das Kind zur Adoption freizugeben, stand von Anfang an unerschütterlich fest und
wurde von den Verwandten, bei denen sie wohn-
te, auch unterstützt. Mutter mütterlicherseits
(Großmutter mütterlicherseits) hat die Verzichtser-
klärung auch unterschrieben.

Das Baby kam am 8.10.1953 zu Pflegeeltern.

5.1.1954: *Untersuchung des Kindes im Alter von 3
Monaten*

»Gut entwickelt, gutes Sozialverhalten, sehr interessiert und sehr lebhaft. Sie ist sehr neugierig auf
andere Menschen und hat ein ausgezeichnetes Verhalten. Sie sollte in eine Familie kommen, die sich
ein Mädchen wünscht und in der ›viel los ist‹.«

15.2.1954: Vorbesprechung mit den Deans, die
»sofort in das Baby verliebt waren«.

19.2.1954: Adoption durch die Deans.

Nachdem ich alles durchgelesen hatte, sah ich Mary Ann an. Sie fragte mich, ob ich noch weitere
Fragen hätte.

Erst konnte ich gar nicht darauf antworten, und
dann schüttelte ich meinen Kopf. »Ich habe keine
weiteren Fragen. Wenigstens jetzt nicht. Ich bin so

… ich weiß nicht.« Ich sah wieder auf das Stück Papier, das in meiner Hand zitterte, weil ich meine Hände nicht ruhig halten konnte. Ich räusperte mich. »Hier steht so vieles. Es ist … es ist nicht nur dieses Stück Papier, hier steht … *so viel.*«

Mary Ann lächelte verständnisvoll. »Vielen Leuten geht es so wie Ihnen, Amy. Das muß man erst verdauen. Einige Adoptierte nehmen dieses Stück Papier erst mal mit nach Hause und sehen es sich noch einmal in Ruhe an.«

Ich nickte, und dann erst bemerkte ich, daß ich nur noch auf einer Ecke des Stuhls saß. Ich setzte mich wieder gerade hin und starrte dann auf den Boden.

Nachdem wir einige Zeit geschwiegen hatten, fragte mich Mary Ann: »Wie fühlen Sie sich jetzt, nachdem Sie das gelesen haben?«

Ich hob verlegen die Schultern und sah ihr in die Augen. »Ich weiß gar nicht genau, wie ich mich jetzt fühlen soll. Ich weiß nicht, was ich jetzt denken soll. Ich weiß auch nicht, was ich jetzt sagen soll.«

»Das ist schon in Ordnung. Sie sollten sich selbst Zeit lassen.«

Ich nickte und fragte sie dann: »Kann ich eine Kopie davon haben?«

»Das Blatt dürfen Sie gerne behalten.«

»Danke.«

Ich sah Mary Ann an und rutschte auf dem Stuhl herum. Mir war heiß. Ich fühlte mich unbehaglich.

»Amy, was möchten Sie denn jetzt als nächstes tun?« fragte sie mich. »Wollen Sie Ihre Suche fortsetzen? Ich kann versuchen, die Wohnung Ihrer leiblichen Mutter herauszufinden. Oder möchten Sie diese Informationen erst mal mit nach Hause nehmen und darüber erst nachdenken, was Sie als nächstes tun wollen?«

Darüber dachte ich kurz nach. Was sollte ich antworten? In meinem Kopf drehte sich alles, ich konnte keinen klaren Gedanken fassen. »Was willst du jetzt tun, Amy?« fragte ich mich im stummen Selbstgespräch.

Im ersten Moment konnte ich nur daran denken, daß ich hier raus wollte – ich wollte weg aus Mary Anns Büro. Ich fühlte mich plötzlich hier eingesperrt und dachte, ich würde ersticken. Ich stellte mir schon vor, wie ich aus dem Büro zu meinem Auto rannte und so schnell wie möglich heimfuhr, um in Sicherheit zu sein, im Schutz meines Hauses, und um meine Ruhe zu haben.

So ruhig wie möglich antwortete ich: »Ich möchte erst einmal darüber nachdenken, was ich jetzt alles erfahren habe. Ich will jetzt erst mal nichts tun.«

Mary Ann nickte. Als ich ging, sagte sie, daß sie darauf warten würde, von mir zu hören.

Liebe leibliche Mutter,
ich weiß nicht, ob ich Dich eigentlich wirklich
finden will.

Bevor ich ihr Büro verließ, erzählte mir Mary Ann,
daß sich die meisten Adoptivkinder so überwältigt
von den Informationen wie ich fühlen würden.
Oft fühlen sie sich auch verwirrt, nervös, haben
Angst und fürchten sich.

Aber ich hätte nicht gedacht, daß es mir körperlich
so schlecht gehen würde, wenn ich Dich suchen
würde. Ich fühle mich ganz schrecklich. Ich habe
stechende Kopfschmerzen. Ich kann nicht mehr
schlafen, und das Essen schmeckt mir auch nicht
mehr. Ich bin total überreizt.

Mary Ann hat mir erzählt, daß einige Adoptierte
ihre Suche abbrechen, wenn sie diese Informationen ohne genauere Angaben von persönlichen Daten gelesen haben, weil sie schon damit zufrieden
sind, jetzt mehr zu wissen als vorher.

Ich weiß nicht, ob mir diese neuen Informationen
über Dich (und über mich) ausreichen. Ich fühle
mich schuldig, daß ich jetzt Informationen erhalten
habe, die man mir so viele Jahre vorenthalten hat.
Ich fühle mich wie ein Schwerverbrecher, der Fak-
ten gestohlen hat, von denen Du geglaubt hattest,
sie ein für allemal verbergen zu können – die in
Deiner Seele und in Deinem Herz schon längst
vergraben sind.

Mary Ann hat mir erzählt, daß einige Adoptierte auch lange warten, bevor sie mit der Suche weitermachen wollen.
Vielleicht sollte ich das auch tun. Ich weiß es noch nicht.

4. März 1985

Liebe leibliche Mutter,
ist Dir aufgefallen, daß ich nicht ein einziges Mal auch nur daran gedacht habe, daß Du jung gewesen bist, als Du mit mir schwanger warst?
Insgesamt gesehen, glaube ich, habe ich immer angenommen, daß Du der Traumvorstellung entsprichst, die ich immer von einer Mutter gehabt habe:
... eine freundliche Frau mit einem hübschen, lächelnden Gesicht, die vorsichtig versucht, mir meine aufgeschlagenen Knie und Ellbogen zu säubern, und die meine Tränen wegwischt.
... eine unermüdliche Frau, die mir weiche, saubere Kleidung anzieht, die nach ihr riecht und ein bißchen auch wie eine frisch gemähte Wiese.
... eine fürsorgliche Frau, die viel für mich tut, die mit mir redet und an allem interessiert ist, was ich erlebe.
... eine Frau, die mich und ihren Haushalt so gut versorgt, daß es überall nach frisch gebacke-

nem Kuchen riecht, und die mich nie hungern läßt.

... eine engelsgleiche Frau, bei der ich mich sicher fühlen kann, wenn sie mich auf den Arm nimmt, meinen Kopf sanft an ihren sanften, weichen Busen bettet und mich jede Nacht in den Schlaf wiegt.

Ich habe mir nie vorgestellt, daß meine Mutter ein lediger Teenager sein könnte, der gerade die High-School beendet hat und heimlich ein Kind austrägt. Eine junge Frau, die heimlich ihr Kind bekommt und es dann zur Adoption freigibt – *ohne es gesehen zu haben* – und dann wieder nach Hause zurückkehrt.

So habe ich mir Dich, meine Mutter, nie vorgestellt.

Aber jetzt, seit ich die Wahrheit kenne, glaube ich, daß ich sehr naiv gewesen bin, daß ich es nicht einmal für möglich gehalten habe, ein uneheliches Kind zu sein, und daß Du in vielerlei Hinsicht selbst noch ein Kind warst, als Du mich geboren hast.

5. März 1985

Liebe leibliche Mutter,
heute habe ich, als ich aufgewacht bin, mich gefragt, wie Du Dich wohl vor 31 Jahren gefühlt hast, als Du in Deinem Schlafzimmer aufgewacht bist und gewußt hast, daß Du schwanger bist. Wie hast

Du Dich dabei gefühlt? Wie hast Du Deine Schwangerschaft sechs Monate lang geheimhalten können? Wie hast Du ein so wichtiges Geheimnis so lange für Dich behalten können?

Bist Du jeden Morgen aufgewacht und hast Dir immer wieder vorgenommen, daß niemand von Deinem furchtbaren Geheimnis erfahren sollte? Bist Du abends ins Bett gegangen und warst erleichtert, daß wieder ein Tag vergangen war, ohne daß jemand Dein Geheimnis entdeckt hatte?

Als ich heute morgen im Bett lag und darüber nachdachte, mußte ich weinen. Ich fühlte mich so traurig, traurig für ein 18 Jahre altes Mädchen oder eine Frau, die von da an jeden Tag die Welt mit fremden Augen angesehen haben muß.

Hattest Du Angst? Warst Du allein? Schämtest Du Dich? Warst Du unglücklich?

Ich hatte Kopfschmerzen, als ich daran dachte.

Ich fühlte mich Dir sehr nahe.

6. März 1985

Liebe leibliche Mutter,

vielleicht kann ich, wenn ich Dich finde, Dir auch helfen. Ich kann Dich trösten. Ich kann Dir wieder Zuversicht geben. Ich kann Dir mitteilen, daß es mir gutgeht.

7. März 1985

Liebe leibliche Mutter,
heute abend wurde mir klar, daß Du, ob Du es
wolltest oder nicht, mich zur Adoption freigeben
mußtest. Was hättest Du sonst unter diesen Umständen auch tun können?

Ich stelle mir vor, daß es 1953 nicht viele Ärzte
oder Kliniken gegeben hat, in denen man ohne
gesundheitliche Risiken abtreiben konnte. Der
Mann, in den Du verliebt warst, war verheiratet,
und Du konntest ihm – aus welchen Gründen auch
immer – nicht sagen, in welche Konflikte er Dich
gestürzt hatte.

Deshalb warst Du gezwungen, mich neun Monate
lang in Deinem Bauch wachsen zu lassen und mich
auf die Welt zu bringen. Aber weil Du 1953 eine
18 Jahre alte alleinstehende Mutter warst und
Ganztages-Kinderkrippen noch nicht existierten,
konntest Du Dich selbst nicht als Mutter um mich
kümmern.

Deshalb hattest Du keine andere Wahl: Du *mußtest*
mich zur Adoption freigeben.

Aber ich würde gerne wissen, wie Du Dich dabei
gefühlt hast, wie es Dir dabei ging, als Dir klar
wurde, daß Du mich weggeben mußtest.

Liebe leibliche Mutter,
ich erinnere mich an etwas, was mir Mary Ann bei
unserem ersten Gespräch gesagt hat. Sie wollte si-
chergehen, daß ich in der Lage sei, mit der Suche
nach Dir psychisch auch umgehen zu können.
Ich frage mich heute: Kannst *Du* damit umgehen,
wenn ich Dich finde? Oder wird Dich unser Kontakt nur an Schreckliches aus Deiner Vergangenheit erinnern?

9. März 1985

Liebe leibliche Mutter,
ich denke an den 25jährigen verheirateten Mann,
der mein Vater war, und frage mich: Hast Du ihn
geliebt? Hat er Dir Versprechungen gemacht, Dir
vielleicht gesagt, daß er für Dich seine Frau verlassen würde? Konntest Du Dir mit ihm eine gemeinsame Zukunft vorstellen?
Oder hat er Dich nur ausgenutzt? Hat er Dich
gezwungen, etwas zu tun, was Du gar nicht tun
wolltest?
Hast Du bereut, mit ihm geschlafen zu haben und
von ihm schwanger zu werden, oder hast Du das
aus Liebe getan?

Liebe leibliche Mutter,
bist Du jetzt glücklich?
Oder verfolgen Dich immer noch von Zeit zu Zeit
die Erinnerungen aus der Vergangenheit?

12. März 1985

Liebe leibliche Mutter,
vielleicht werde ich, wenn ich Dich finde, auch
erfahren, daß adoptierte Kinder nicht die einzigen
sind, die Verlustgefühle und Machtlosigkeit erfahren haben. Vielleicht hat man, wenn man Kinder
zur Adoption freigibt, auch genau dieselben Gefühle. Ist meine Vermutung richtig?
Als ich Dir in einem früheren Brief über die Verluste in meinem Leben berichtet habe, habe ich
mich gefragt, ob Du weißt, wie es ist, wenn man
jemanden verliert. Aber vielleicht weißt gerade Du
besser als ich, was ein Verlust bedeutet. Du hast
mindestens neun Monate Deiner Jugendzeit verloren, wenn nicht mehr (je nachdem, wie sehr Dich
meine Geburt und die Freigabe zur Adoption
emotional belastet haben). Du hast Deine jugend-
liche Unbekümmertheit und Deine Freude verloren, als Du Dir über die Verantwortung und die
Bedeutung Deiner Schwangerschaft klargeworden

bist, die sich zu einer Zeit ereignet hat, als man solche schwerwiegenden Probleme wirklich nicht haben sollte. Vielleicht hast Du die Achtung einiger Deiner Freunde oder Deiner Familie verloren, die darüber Bescheid wußten. Vielleicht hast Du auch in gewisser Weise Deine Selbstachtung verloren. Vielleicht hast Du Dich nicht mehr sicher genug gefühlt, weil Du bis zu meiner Geburt bei Verwandten in einem anderen Staat gelebt hast.

Schließlich – je nachdem, was Du für mich empfunden hast – magst Du geglaubt haben, daß Du ein Kind verloren hast, daß Du geliebt hast, als Du mich aufgeben mußtest.

Vielleicht kennst Du das auch sehr gut, was ich Dir in meinen letzten Briefen erzählt habe, wie man sich fühlt, wenn man machtlos ist, wenn man eine Person ist, die Umständen ausgesetzt ist, die sie nicht unter Kontrolle hat. Deine ungeplante Schwangerschaft mit 18 Jahren ist sicherlich etwas, wobei man sich machtlos fühlt. Aber solche Gefühle hast Du vielleicht auch vorher schon mit dem 25jährigen Mann erlebt, der mein Vater war. Vielleicht hast Du ihn geliebt und hättest alles für ihn getan. Oder vielleicht hattest Du das Gefühl, keine andere Wahl zu haben, als ihm das zu geben, was er von Dir wollte.

Als Dein Geheimnis nach sechs Monaten Schwangerschaft schließlich offensichtlich wurde, hast Du Dich vielleicht auch machtlos gefühlt, eine Entscheidung für Dein Kind nach seiner Geburt treffen zu müssen. Vielleicht hättest Du Dich gerne um mich gekümmert und wolltest mich gar nicht hergeben. Vielleicht hast Du versucht, darüber zu reden. Aber was Du gefühlt oder zu Erwachsenen gesagt haben magst, die sich um Dich gekümmert haben, hat man vielleicht nicht ernstgenommen. Mein Leben war immer noch in Deinem Körper, aber Du hattest darüber nicht mehr zu bestimmen. Ich weiß nicht, ob das, was ich mir hier vorstelle, richtig oder falsch ist. Aber ich würde mir gerne vorstellen, daß meine Adoption Dir selbst auch nicht egal war.

14. März 1985

Liebe leibliche Mutter,
ich habe heute Mary Ann angerufen, um ihr zu sagen, daß ich Dich gerne finden würde.
»Ich will mehr wissen«, habe ich zu ihr gesagt. »Obwohl ich glücklich darüber bin, Dinge über mich und meine Adoption herauszufinden, die ich nicht gewußt habe, und obwohl ich zufrieden bin, weil ich erfahren habe, daß bestimmte Informationen, die ich bekommen habe, als ich aufwuchs, wahr sind, wie etwa meine nationale Herkunft und mein Geburtsname, *ist mir das immer noch nicht genug*. Die Informationen ohne Personenzuordnung zählen nur die Tatsachen auf.

Ich möchte aber auch die *Gefühle* kennenlernen. Ich will wissen, was meine wirkliche Mutter empfunden hat, als sie mit mir schwanger war und als sie mich zur Adoption freigab. Ich möchte wissen, welches Leben sie seitdem geführt hat. Ich möchte wissen, wer sie ist. Ich möchte mehr darüber wissen.

Würden Sie deshalb versuchen, sie für mich zu finden?«

9. April 1985

Liebe leibliche Mutter,

Mary Ann rief mich heute an und sagte mir, daß sie mit Dir Kontakt aufgenommen hat.

»Sie lebt!« war meine erste Reaktion.

»Ja, und sie lebt in Attleboro«, erzählte mir Mary Ann. Ich konnte es einfach nicht fassen. In allen anderen Orten in den Vereinigten Staaten – auf der ganzen Welt meinetwegen – hätte sie leben können, aber sie lebte weniger als zwei Stunden von mir entfernt!

»Amy, sie möchte mit Ihnen reden«, sagte Mary Ann. »Kann ich ihr Ihre Telefonnummer geben, damit sie Sie anrufen kann?«

»Ja«, sagte ich, ohne zu zögern, und war aufgeregt, weil ich dadurch erfahren habe, daß Du mit mir reden *willst*.

»In Ordnung. Ich rufe sie jetzt gleich an. Sobald ich ihr Ihre Nummer gegeben habe, wird sie Sie wahrscheinlich sofort zurückrufen. Sind Sie zu Hause?«

»Ja, ja«, antwortete ich schnell und beendete rasch das Gespräch mit Mary Ann.

»Gut. Dann rufe ich sie jetzt an.«

Als ich den Hörer auflegte, wurde mir erst bewußt, daß ich schon in wenigen Minuten mit Dir sprechen könnte – der Frau, die mich auf die Welt gebracht hat.

Einige Minuten später klingelte das Telefon.

Mein Herz klopfte, als ich mich mit »Hallo« meldete.

Aber die Stimme war die einer Freundin. Ich unterbrach sie, fragte, ob ich sie zurückrufen könnte und legte den Hörer wieder auf.

Ich ging in der Küche und im Wohnzimmer auf und ab. Die Minuten verrannen. Ich setzte mich auf die Couch und versuchte in einer Zeitschrift zu lesen, stand aber sofort wieder auf und rannte wieder auf und ab.

So verging etwa eine Viertelstunde. Dann klingelte das Telefon.

»Hallo?«

Es war Mary Ann. »Das Telefon Ihrer Mutter ist besetzt. Ich versuche es heute bis zum Büroschluß immer wieder. Wenn ich sie heute nicht erreichen kann, versuche ich es ab morgen früh sofort wieder.«

Mein Herz fiel mir in die Hose. »In Ordnung, Mary Ann.« Ich wußte, daß man an meiner Stimme hören konnte, wie niedergeschlagen ich war.

»Ich werde warten.«

Ich legte den Hörer wieder auf und begann wieder auf und ab zu gehen. Eine Viertelstunde verging, dann noch ein halbe Stunde.

Erschöpft ging ich zum Kühlschrank und nahm die Zutaten für einen Salat heraus. Ich konzentrierte mich darauf, den Salat zu waschen und zu schneiden, schälte Karotten und Zwiebeln und schnitt das frische Gemüse klein.

Mitten in der Zubereitung klingelte das Telefon. Ohne darüber nachzudenken eilte ich zum Telefon, und erst als ich den Hörer schon am Ohr hatte, wurde mir bewußt, daß das der Anruf sein könnte, auf den ich gewartet hatte.

»Hallo?« sagte ich erwartungsvoll.

»Amy? Hier ist Ruth. Ich bin Deine leibliche Mutter ...«

Nach der Suche

Nicht alles, was wir uns vornehmen, können wir auch verändern, aber wir können erst dann etwas verändern, wenn wir den Tatsachen ins Auge sehen.

James Baldwin

Das Bedürfnis nach Wissen ist immer vorhanden ... Nicht so sehr, weil man unbedingt eine Beziehung zu seiner leiblichen Mutter aufbauen will, sondern weil es wie ein kleines Stück von einem selbst ist, das fehlt und das man finden möchte.

*Jim Bianco, ein 21jähriger Mann,
der seine leiblichen Eltern gefunden hat*

9. April 1985, etwas später

Liebe Ruth,
wir haben heute nachmittag – *zum erstenmal* – über eine Stunde lang miteinander gesprochen. Ich wollte, ich könnte mich an die ersten Worte erinnern, die Du zu mir gesagt hast, nachdem ich »Hallo« gesagt und erfahren habe, wer Du bist. Ich wünschte mir auch, ich wüßte noch, was ich als

erstes zu Dir gesagt habe. Ich kann mich jetzt nicht mehr daran erinnern. Ich hatte mir über den Beginn unseres Gesprächs keine Gedanken gemacht, weil ich mir immer gedacht habe: »Das ist die Frau, die Dich geboren hat. Das ist die Frau, die Du unbedingt finden wolltest.« So viele Gefühle stürmten auf mich ein – ich wollte lachen, weinen, schreien, festgehalten werden, wegrennen.

Unsere ersten Worte sind jetzt durch das Netz der Erinnerung gerutscht.

Aber vor mir liegt in diesem Moment, während ich diesen Brief schreibe, ein Stück Papier voller hastig hingekritzelter Notizen – Notizen, die ich mir gemacht habe, nachdem ich mich vom ersten Schock erholt hatte, als ich Deine Stimme gehört habe und Du mich gefragt hast: »Was willst Du wissen, Amy?«

Erst wollte ich schreien: »Alles!« Aber ich wollte auch nicht, daß Du denkst, ich sei zu neugierig oder zu fordernd. Ich wollte vorsichtig sein und nichts sagen, was Dir Grund geben würde, vielleicht wieder einzuhängen, mich abzulehnen oder auf mich zornig zu sein.

Deshalb sagte ich statt dessen: »Ich möchte etwas über unsere Familienkrankheiten wissen.« Umgehend hast Du mich dann über die Krankheiten in unserer Familie aufgeklärt – über den Prostatakrebs väterlicherseits und die Zuckerkrankheit mütterlicherseits. »Alle anderen sind gesund«, hast Du hinzugefügt, aber dann erwähnt, daß Du auf einige

Nahrungsmittel allergisch bist. Wir stellten dann fest, daß wir dieselbe Allergie gegen Milch haben, und ich habe mich, um einen Witz zu machen, bei Dir dafür bedankt, daß Du mir nie ein Eis gekauft hast.

Dann hast Du mich gefragt, wie ich aussehe. Ich erinnere mich, wie ich mich mein ganzes Leben lang nach einer Mutter gesehnt habe, der ich ähnlich sehen würde (wie die Brady-Kinder und ihre Eltern). Deshalb beschrieb ich Dir mein Aussehen und hoffte, daß Du jedesmal sagen würdest: »Wirklich? Ich sehe genauso aus.« Aber das einzige, was wir gemeinsam hatten, waren die rotbraunen, kurzen Haare. Nicht einmal die Farbe unserer Augen stimmte überein.

»Du hast die Augen Deines Vaters«, hast Du mir erklärt. »Seine Augen waren dunkel, dunkelbraun.«

»Was kannst Du mir noch alles über ihn erzählen?« habe ich Dich gefragt.

Eine Zeitlang hast Du gar nichts gesagt. Ich dachte schon: »Jetzt habe ich alles vermasselt. Ich habe die falsche Frage gestellt, und sie will nicht mehr mit mir reden.«

Aber dann hast Du doch wieder etwas gesagt. Ganz sanft erklärtest Du mir: »Amy, ich bin vergewaltigt worden.«

Jetzt schwieg ich.

»Oh«, sagte ich schließlich, wußte aber nicht, was ich sonst noch sagen sollte. Daran hatte ich nie gedacht, daß ich das Ergebnis einer Vergewaltigung sein könnte.

Ich glaube, Du konntest Gedanken lesen, weil Du so schnell reagiert hast: »Amy, auch wenn ich vergewaltigt worden bin – und das *ist* für mich eine schreckliche Erinnerung, selbst nach all diesen Jahren, weil er ein Freund der Familie war –, habe ich an *Dich* trotzdem keine schlechte Erinnerung. Ich wollte Dich nie hergeben. Aber ich mußte es tun.«

»Weißt Du«, fuhr sie fort, »daß ich Dich nach der Geburt nicht sehen sollte – damit mir der Abschied leichter fallen würde, hatte man mir gesagt. Aber eine Krankenschwester hat Dich zu mir gebracht, und ich mußte weinen, als ich Dich gesehen habe.«

»Die Sachbearbeiterin meines Falls hat mir gesagt, daß Du mich nicht gesehen hast«, erwiderte ich.

»Das ist falsch. Ich *habe* Dich gesehen. Und ich werde das nie vergessen, genausowenig, wie ich Dich nie vergessen werde.«

Ich hörte zu, als Du weiter erzähltest, aber in meinem Kopf begannen sich die Bilder zu drehen. Manchmal hörte ich nur den Klang Deiner Stimme und versuchte mir vorzustellen, wie Du aussiehst. Oder ich versuchte mir die Dinge vorzustellen, über die Du mir erzählt hast – die Vergewaltigung oder wie Du mich zuerst gesehen hast (und auch das letzte Mal, wie Du dachtest) –, als ob mir die Vorstellung davon helfen würde, mir die verlorenen Jahre zurückzubringen.

»Ich bin verheiratet und habe drei Kinder«, hast Du dann gesagt. (Ich sehe mein Stichwort »Familie« an und bemerke, daß ich auch die Namen und das Alter Deiner Kinder notiert habe.) Du hast mir von Deinen Kindern erzählt – wo sie leben und was sie machen –, und Du nanntest sie »Deine (das heißt *meine*) Brüder und Schwestern«. Zum erstenmal, seit wir uns unterhielten, fühlte ich mich unbehaglich. Ich wollte das nicht hören, daß Du Deine Kinder *meine* Brüder und Schwestern nanntest, obwohl wir über Dich als gemeinsame Mutter verwandt sind und dasselbe Blut in unseren Adern fließt. Als ich zum erstenmal hörte, daß Du sie so nanntest, war mir das auch nicht recht, weil ich mein ganzes Leben lang als Einzelkind aufgewachsen bin und für mich die Tatsache, Brüder und Schwestern zu haben, deshalb sehr befremdlich war.

Aber gleichzeitig waren wir mit unserem Gespräch an einem Punkt angelangt, an dem wir aufgehört hatten, über die Vergangenheit und unser kurzes Kennenlernen bei der Geburt zu reden. Jetzt unterhielten wir uns über unsere und meine Familie: »meine« Tanten und Onkel, »meine« Großeltern und »meine« Cousins und Cousinen. Wir hatten das Gesprächsthema gewechselt. Ich hatte das Gefühl, Du wolltest mich mit Gewalt in Dein *jetziges* Leben ziehen und nicht mehr darüber reden, was die *Vergangenheit* früher für Dich (für uns) bedeutete.

Das konnte ich Dir zu diesem Zeitpunkt jedoch nicht sagen. Dann hast Du gesagt: »Ich möchte, daß Du weißt, daß Du in meiner Familie immer willkommen bist. Ich habe ihnen schon von Dir erzählt, weil ich ehrlich zu ihnen sein wollte. Sie akzeptieren Dich, Amy. Sie wollen Dich kennenlernen und ich auch«, und wir verabredeten einen Termin, um uns und eines meiner Geschwister zu treffen, das in der Nähe wohnt. Ich schrieb mir auch noch auf, wie ich dorthin kommen kann. Dann beendeten wir unser erstes Gespräch damit, uns zu versprechen, »uns bald zu sehen«.

Aber wenn ich jetzt daran denke, wie ich mich fühle, weiß ich nicht, ob ich Deine Tochter oder irgend jemand anderen aus Deiner/unserer Familie eigentlich jetzt schon treffen will.

Ich weiß nicht, ob ich *jetzt schon* bereit dazu bin, ein Teil Deines Lebens und Deiner Familie zu werden. Ich glaube, daß wir uns noch über so vieles aus der Vergangenheit unterhalten müssen, daß ich nach einem ersten Telefonat noch nicht bereit dazu bin, meinen Platz in Deiner Familie einnehmen zu können.

Wie kann ich Dir das verständlich machen?

11. April 1985

Liebe Ruth,

was, glaubst Du, ist stärker: eine emotionale Verbindung oder die Stimme des Blutes?

Ich glaube, daß man, nur weil man vom Blut her
verwandt ist, nicht unbedingt auch eine Beziehung
zueinander haben muß, die man nicht zerstören
könnte. Aber unsere war zerstört. Und selbst wenn
man nicht verwandt ist, kann es trotzdem eine Beziehung geben, die stärker sein kann als eine direkte Verwandtschaft. Ich glaube, daß meine Beziehung zu meinem Vater sehr innig ist, vielleicht
sogar stärker, als ich sie zu einem biologischen Vater je haben könnte.

Seit unserem ersten Gespräch scheint es mir so, daß
unsere verwandtschaftliche Beziehung nach 31
Jahren – und ohne jede gefühlsmäßige Bindung –
nicht unbedingt auch bedeutet, daß ich als legiti-
mes Mitglied in Deine Familie integriert werden
kann, zusammen mit den anderen, die Du aufgezogen hast, die Dich aufgezogen haben und denen,
die Du fast ein Leben lang gekannt hast.

Ich habe Dich aber nicht deshalb gesucht, um mich
mit Deinen Familienmitgliedern treffen zu können
und von ihnen auch akzeptiert zu werden. Ich hätte, wenn ich herausgefunden hätte, daß Du nicht
mehr am Leben bist, auch nicht nach weiteren
Mitgliedern Deiner Familie gesucht.

Ich wollte *Dich* finden, nicht eine Familie.

12. April 1985

Liebe Ruth,

heute hast Du mich angerufen und mir erzählt, daß Du mit einer Deiner/meiner Tanten in Arizona telefoniert hättest. In diesem Gespräch bat sie Dich um ein Bild von mir.

»Bist Du damit einverstanden, daß ich von Dir ein paar Bilder mache, wenn Du mich besuchst?« hast Du mich gefragt. »Ich möchte sie dann an die ganze Familie schicken, damit sie wissen, wie Du aussiehst.«

»Ich habe nichts dagegen, wenn Du von mir Bilder machst«, habe ich geantwortet. »Aber ich weiß nicht, ob mir das auch recht ist, wenn Du sie an alle Deine Verwandten schickst.«

»*Deine* Verwandten, Amy. Es ist auch *Deine* Familie.«

»Ich glaube, es ist einfacher für Dich, das zu sagen, als für mich, Ruth.«

»Daran wirst Du Dich mit der Zeit gewöhnen.«

»Das weiß ich noch nicht, ob ich das tun werde. Sieh mal …«

»Du weißt, Amy«, hast Du mich unterbrochen, »daß es sehr wichtig für mich ist, daß Du wieder ein Teil meines Lebens bist. Für mich warst Du immer etwas Besonderes. Ich möchte, daß jeder in der Familie das weiß. Ich liebe Dich, Amy.«

Ich wollte gerade meinen angefangenen Satz zu Ende sprechen, aber Deine letzte Bemerkung

machte mich ganz sprachlos. Du hast einfach weitergeredet, und ich habe nur noch kurze Antworten gegeben, bis wir uns wieder verabschiedet haben.

Als ich den Hörer auflegte, war ich ganz erstaunt
und verwirrt.

Wie kannst Du sagen, daß Du mich liebhast?

Du kennst mich nicht einmal – Du weiß *überhaupt
nichts* über mich.

Hast Du gesagt, daß Du mich liebhast, weil das
wirklich wahr ist?

Hast Du gesagt, daß Du mich liebhast, weil Du das
fühlst, weil Du mich neun Monate in Deinem
Bauch gehabt hast und mir das Leben geschenkt
hast?

Hast Du gesagt, daß Du mich liebhast, weil Du
denkst, daß eine Mutter das zu ihrem Kind sagen
muß?

Hast Du gesagt, daß Du mich liebhast, weil Du
mich gefunden hast?

Hast Du gesagt, daß Du mich liebhast, weil ein Teil
dieser Liebe auch Schuldgefühle über unsere Trennung und Erleichterung über unser Wiedersehen
sind?

Welche Art von Liebe empfindest Du für mich?
Und warum empfinde ich das nicht auch für Dich?

Liebe Ruth,
ich erkenne jetzt, daß ich es war, die die Türen
aufgemacht hat, um Dich nach 31 Jahren an meinem Leben teilhaben zu lassen. Ich habe die Adoptionsstelle angerufen. Ich habe Mary Ann erlaubt,
nach Dir zu suchen. Ich habe ihr erlaubt, Dir meine Telefonnummer zu geben, damit Du mich anrufen kannst.
Deshalb denkst Du wohl auch, daß ich Dich sofort
sehen will.
Aber ich weiß nicht, ob ich schon bereit dazu bin,
die Tür so weit aufzumachen.
Was würde passieren, wenn ich sie wieder ein bißchen zumachen würde?

15. April 1985

Liebe Ruth,
heute habe ich Dich angerufen, um unser erstes
Treffen, das wir bei unserem ersten Gespräch ausgemacht hatten, wieder abzusagen. Jetzt geht es
mir schlecht, weil ich am Ton Deiner Stimme gemerkt habe, wie enttäuscht Du warst. Als ich versuchte, Dir zu erklären, daß ich noch ein bißchen
Zeit bräuchte – daß ich Dich zwar sehen *will*, aber
noch nicht jetzt sofort –, hatte ich das Gefühl, daß

Du mich nicht verstanden hast und daß Du vielleicht denken würdest, ich würde Dich zurückweisen.

Aber ich muß hier noch einmal betonen, daß es nur darum geht, daß ich – wie ich im letzten Brief erklärt habe – die Türen nur *viel zu schnell* weit aufgemacht habe, daß ich immer noch Mühe habe, all diese Ereignisse auch zu bewältigen. Mary Ann habe ich am 21. Februar zum erstenmal getroffen. Schon nach kaum zwei Monaten haben wir uns zum erstenmal am Telefon unterhalten.

In weniger als zwei Monaten!

Und insgesamt ist es erst *acht Monate* her, daß ich meine Entscheidung getroffen habe, Dich zu finden.

Als mir Mary Ann sagte, daß sie die Möglichkeit hätte, Dich zu finden, dachte ich, daß die Suche einige Monate dauern würde. Ich dachte, ich könnte mich zurücklehnen und warten, vielleicht sogar eine Weile ausruhen. Die meisten anderen suchen jahrelang! Aber Mary Ann hat Dich in weniger als einem Monat gefunden!

Ich hatte auch seit letztem August überhaupt keine Zeit, zwischendurch nachzudenken, seit ich begonnen habe, über meine Adoption nachzudenken, ob ich Dich suchen soll oder was ich machen würde, wenn und falls ich Dich überhaupt finde.

Ich war überhaupt nicht darauf vorbereitet, daß so vieles in so kurzer Zeit passieren würde: mein Entschluß, Dich zu suchen, meinem Adoptivvater und Sonja von meinem Wunsch, Dich zu finden, zu erzählen, die Informationen ohne die persönlichen Daten zu erhalten, grünes Licht für die Suche selbst zu geben, Dich tatsächlich zu finden, Deinen Wunsch zu akzeptieren, mich kennenzulernen, zu akzeptieren, daß Du mich in Deine/meine Familie aufnehmen willst und daß Du mir gesagt hast, daß Du mich liebhast.

Das war alles zuviel für mich, und alles ging viel zu schnell.

Ich wünsche mir, daß es mir gelingt, Dir das verständlich zu machen, ohne daß Du verletzt bist.

19. April 1985

Liebe Ruth,

gibt es nicht einen Film mit dem Titel *Halte die Welt an, ich möchte aussteigen?*

Ich möchte, daß alles ein bißchen langsamer geht. Ich wünsche mir, ich könnte meine Adoptions-»Welt« eine Zeitlang anhalten, damit sie sich nicht ständig in meinem Kopf dreht. Ich möchte aufhören können, darüber nachzudenken, was die Adoption für mich bedeutet, und wieder einen freien Kopf haben.

Ich möchte für einige Zeit verreisen. Vielleicht fahre ich ans Meer. Ich möchte dort eine Weile bleiben, um wieder neu über meine Adoption nachdenken zu können und mich erst besser an alles zu gewöhnen, was seit August 1984 passiert ist.

3. Mai 1985

Liebe Ruth,
ich mache noch drei Tage Ferien in Provincetown, bevor ich wieder nach Hause fahre.
Als ich hierher kam, um Urlaub zu machen, wollte ich mir klar darüber werden, wie ich Dir verständlich machen könnte, was ich eigentlich von Dir will und warum ich Dich brauche. Ich wollte in Zukunft auch nicht mehr so wankelmütig sein, das heißt, keine Pläne mehr machen, Dich zu treffen, und das Treffen dann absagen.
Aber heute, nachdem ich einen herrlichen Spaziergang zum Race Point unternommen habe, ist mir klargeworden, daß ich mich nicht immer ganz unmißverständlich ausdrücke und logisch handle, auch wenn ich das noch so sehr versuche.
Und das ist auch ganz in Ordnung.
Unsere Beziehung ist sehr emotional, weil wir uns sehr nahestehen, weil wir Mutter und Tochter mit gleichem Blut sind. Aber emotional sind wir nicht besonders belastbar, weil wir uns nie als Mutter und Tochter gekannt haben. In Wirklichkeit sind wir uns fremd. Wir haben kein Vertrauen zueinan-

der. Wir wissen noch nicht einmal, ob wir uns überhaupt mögen werden.

Während Du mir immer zeigst, daß es für Dich ganz normal ist, über Dich, Deine/unsere Familie und Deine Liebe ganz offen zu reden, fühle ich mich dabei noch nicht so recht wohl.

Ich glaube, daß ich erst im Laufe der Zeit, wenn sich unsere Beziehung zu festigen beginnt, dazu bereit sein werde, immer wieder auf Dich zuzugehen und andererseits immer wieder Rückzieher machen werde.

Ich glaube, daß es ganz in Ordnung ist, wenn wir beide unsere Türen immer wieder füreinander öffnen und schließen.

12. Mai 1985

Liebe Ruth,
heute habe ich Dir eine Tür aufgemacht. Erst fand ich das gut, dann fühlte ich mich dabei aber wieder unbehaglich.

Ich habe Dich heute morgen angerufen und Dich gefragt, ob wir wieder ein Treffen ausmachen könnten. Du hast zugestimmt, und wir haben beschlossen, uns bei Dir am 20. Mai zu treffen.

Ich habe Dich gefragt, ob Du etwas dagegen hättest, wenn ich eine Freundin mitbringen würde. »Zur moralischen Unterstützung«, wie ich erklärte.

»Ich möchte, daß mich jemand begleitet, wenn Du damit einverstanden bist.« (Was ich Dir nicht gesagt habe, ist, daß ich eine *Vertraute* mit dabeihaben möchte. Ich weiß, daß ich Dein »Territorium« betrete, in dem Du von vertrauten Dingen umgeben bist, mit denen Du Dich sicher fühlst. Das macht mir angst. Ich brauche deshalb eine Freundin, damit ich mich auch sicher fühlen kann.)

»Das ist schön, Amy«, hast Du zustimmend gesagt.

»Ben, mein Mann, wird auch hier sein. Er muß erst am späten Nachmittag zur Arbeit gehen. Bist Du einverstanden, daß er auch dabei ist?«

»Natürlich«, habe ich gesagt, aber in meinem Kopf versuchte ich dabei Bens Rolle in meinem Leben einzuordnen. »Ist er mein Stiefvater?« habe ich mich gefragt, habe diesen Gedanken dann aber wieder verworfen, als Du weitergeredet hast.

»Ich glaube nicht, daß meine Tochter Lorraine auch dabeisein kann«, hast Du gemeint.

»Das … ist … schön«, meinte ich und mußte tief durchatmen. »Um Dir die Wahrheit zu sagen, Ruth, finde ich das ganz gut, wenn Lorraine nicht dabeisein kann. Dann geht es mir viel besser. Ich weiß nicht, ob ich schon bereit dazu bin, noch weitere Mitglieder der Familie kennenzulernen. Ich glaube, ich möchte erst einmal wissen, wie wir zwei uns miteinander verstehen, bevor ich die anderen kennenlernen will.«

»Alle wollen Dich kennenlernen, Amy«, hast Du schnell geantwortet.

»Das weiß ich«, habe ich gesagt und mich dann gefragt, ob meine Stimme dabei unfreundlich geklungen hat.

»Das machen wir ein andermal«, meintest Du. »Ich lade Dich zum Essen ein, und dann wirst Du Lorraine treffen.«

»Schön. Aber laß uns darüber später reden, ja«, konnte ich da nur antworten, weil ich mich etwas zu sehr vereinnahmt fühlte, weil Du dauernd versuchtest, daß ich unbedingt Lorraine kennenlernen soll.

»Schön.«

Dann legten wir fest, wann ich zu Dir in Dein Haus kommen sollte, und ich ließ mir noch einmal sagen, wie ich dorthin kommen konnte.

»Gut. Dann sehen wir uns ja bald«, hast Du gesagt. »Ich liebe Dich, Amy.«

Die Stille in der Leitung dröhnte in meinem Ohr.

»Ich … ja … hab Dich auch lieb«, antwortete ich schnell und legte auf.

14. Mai 1985

Liebe Ruth,
ich wollte, ich könnte Dir zwei Dinge mitteilen, damit Du sie verstehst und auch akzeptierst.

Erstens möchte ich nicht, daß Du erwartest, daß ich jetzt oder in naher Zukunft ein Teil Deiner Familie bin oder werde. Ich hoffe, das klingt nicht so, als würdest Du das als Voraussetzung unseres Kontakts zueinander von mir verlangen oder fordern. Ich weiß, daß Du Lorraine gerne magst und Dich um sie kümmerst. Ich weiß, daß Du gerne hättest, daß sich Lorraine und ich treffen, damit *sie* sich nicht von mir oder der Tatsache bedroht fühlt, daß Du die Mutter von uns beiden bist.

Ich bitte Dich nicht darum, weil ich etwas gegen Lorraine als Person einzuwenden hätte. Ich bin sicher, daß sie sehr nett ist. Und es macht mir auch gar nichts aus, daß Du noch weitere Kinder hast, obwohl es für Deine anderen Kinder vielleicht viel bedeutsamer ist, daß ich wieder Kontakt zu Dir aufgenommen habe. Aber ich habe eigentlich nicht meine Geschwister gesucht.

Später einmal werde ich Lorraine und die anderen Familienmitglieder gerne kennenlernen. Aber jetzt momentan will ich nur Dich treffen.

Zweitens möchte ich nicht, daß Du erwartest, daß ich zu Dir sage, daß ich Dich liebhabe. In unserem letzten Gespräch hatte ich das Gefühl, daß Du das erwartet hast.

Aber ich weiß nicht, ob ich Dich liebhabe. Ganz ehrlich, ich weiß nicht einmal, ob ich Dich überhaupt gern habe. Wie kann ich das wissen? Ich kenne Dich nicht. Dich gern zu haben und Dich liebzuhaben, sind für mich Gefühle, die im Laufe der Zeit erst wachsen müssen.

Vielleicht bedeutet es Dir gar nichts, wenn ich zu Dir sage, daß ich Dich liebhabe oder wenn Du das zu mir sagst. Vielleicht erwartest Du auch gar nicht, daß ich diese Worte zu Dir sage. Vielleicht habe nur ich allein damit meine Schwierigkeiten, weil ich Dir gesagt habe, daß ich Dich liebhabe, nicht weil das wirklich stimmt, sondern weil ich mich schuldig fühlte, weil ich es nicht wirklich sagen wollte.

Ich glaube, daß sich unsere emotionale Beziehung zueinander, ganz egal wie, mit der Zeit ganz allein entwickeln wird. Jetzt fällt es mir noch schwer, Dir zu glauben, wenn Du mir sagst, daß Du mich liebst. Ich vertraue Dir nicht (weil ich das Gefühl habe, daß es keine Vergangenheit gibt, in der die Liebe wachsen konnte), ich glaube Dir nicht (Du weißt ja gar nicht, wer ich bin, wie kannst Du da behaupten, daß Du mich liebst?) und ich kann Dir gar nicht antworten (weil ich Dir nicht dieselben Gefühle entgegenbringe).

Ich wollte, ich wäre geduldiger mit mir selbst und ich könnte das Tempo bestimmen, mit dem wir uns kennenlernen. Vielleicht wird dann meine Liebe zu Dir und zu Deiner/meiner Familie allmählich wachsen, so wie Du es gerne hättest – aber auch so, wie ich es gerne hätte.

15. Mai 1985

Liebe Ruth,
heute habe ich viel Zeit damit verbracht, darüber
nachzudenken, ob ich Dir etwas mitbringen soll,
wenn ich Dich in einigen Tagen besuche. Ich
konnte mich nicht entscheiden, was ich mitbringen sollte: ein kleines Geschenk, einen Blumen-
strauß oder einen selbstgebackenen Kuchen.
Ich habe in allen meinen Kochbüchern gestöbert,
bis ich schließlich auch das letzte wieder zuschlug
und mir plötzlich einfiel: »Natürlich! Ich weiß genau, was ich ihr mitbringen werde!«
Ich wühlte in alten Familienalben, bis ich schließlich meine Babyfotos fand, zwei der hübschesten
davon (wie es mir schien) auswählte und sie in
einen Umschlag steckte, den ich Dir mitbringen
werde.

20. Mai 1985

Liebe Ruth,
schon seit neun Uhr morgens bin ich fertig angezogen, um Dich zu besuchen. Aber meine Freundin wird erst gegen Mittag kommen, um mich
abzuholen!
Jetzt denke ich an Dich und frage mich, was Du
jetzt gerade machst und was Du Dir denkst.

145

Bist Du genauso nervös wie ich? (Meine Hand zittert richtig beim Schreiben.)

Hast Du Dir schon Fragen überlegt, die Du mir stellen willst? (Ich weiß gar nicht, wie ich Dich anreden soll: Ruth, Mama oder Mrs. Roberts? Und ich weiß nicht, wie ich unser Gespräch anfangen soll: »Sagen Sie, was halten Sie von den ›Red Sox‹?«, oder: »Heute ist aber schönes Wetter, nicht wahr?«, oder: »Was haben Sie eigentlich in den letzten 31 Jahren alles gemacht?«)

Bist Du auch so unruhig und nervös? (Ich laufe in meiner Wohnung schon seit einiger Zeit auf und ab.)

Hast Du Angst vor mir? *(Ich fürchte mich richtig!)*

20. Mai, später

Liebe Ruth,

als meine Freundin und ich mit dem Auto um ein Uhr heute mittag in Deine Auffahrt einbogen (wobei wir pünktlich waren – war das in Ordnung, oder kam ich Dir deshalb zu penibel vor?), konnte ich nur einen tiefen Seufzer ausstoßen und dann laut sagen: »Hier ist es.«

Ich kann mich nicht erinnern, wie ich aus dem Auto stieg oder wie ich das Ziegelpflaster zu Deiner Haustür hinaufging. Aber ich erinnere mich noch genau, wie mein Herz schlug. Ich dachte, es würde mir aus der Brust herausspringen.

Bevor ich noch an der Haustür klingeln konnte, hattest Du sie schon aufgemacht und standest in der Tür, um uns ins Haus zu lassen.

Eine Stimme in meinem Kopf sagte zu mir: »Das ist Deine leibliche Mutter! Ist das denn möglich? Sie steht wirklich vor Dir!« Aber eine andere Stimme warnte mich: »Du bist im Haus von einer wild-fremden Frau. Du weißt nichts von ihr. Sei vor-sichtig! Bleibe auf Distanz.« Die beiden gegensätz-lichen Stimmen machten mich nur noch nervöser, als ich ohnehin schon war.

Deshalb wußte ich auch nicht, was ich tun sollte, als ich Dich zum erstenmal gesehen habe. Hätte ich Dich umarmen sollen? Oder hätte ich Dir die Hand geben sollen?

Oder hätte ich genau das tun sollen, was ich getan habe: Ich habe total vergessen, Dir meine Freundin vorzustellen (ich hörte, wie Ihr beide miteinander Begrüßungsformeln ausgetauscht habt, als ich selbst zu mir sagte: »Bleibe nett, Amy«). Wir gingen in die Küche, ich sah die aufgeschichteten Teller im Spülbecken und sagte, ohne darüber nachzuden-ken: »Was für eine *bezaubernde* Küche!«

Ich wäre am liebsten gestorben, so verlegen war ich.

Du schienst so entspannt zu sein und die Situation unter Kontrolle zu haben. Du hast vorgeschlagen, daß wir uns draußen an den Tisch auf der Veranda setzen sollten, weil es so ein herrlicher Frühlingstag war. Dann hast Du mir einen Teller mit Gebäck gegeben, den ich nach draußen tragen sollte, und meine Freundin gebeten, die Kaffeetassen hinauszutragen, als Du uns durch die Tür hinaus zur Veranda führtest.

Wir haben uns an den Tisch gesetzt. Du hast uns Kaffee eingeschenkt.

Dann kam Ben aus dem Haus und hat sich vorgestellt. Er gab uns die Hand.

»Sagen Sie mal«, sagte er zu meiner Freundin, »kann ich Ihnen nicht den Garten hinter dem Haus zeigen?«

Ich beobachtete, wie die Frau, die ich zu meiner Sicherheit mitgenommen hatte, sagte: »Natürlich.« Wie sie im Sessel neben mir aufstand und wegging.

Ich wußte nicht, was ich tun sollte.

Ich wußte nicht, was ich sagen sollte.

Deshalb beschäftigte ich mich eingehend mit Milch und Zucker, die ich in meinen Kaffee tat.

Als ich dann meine Jacke auszog, erinnerte ich mich wieder an den Umschlag in meiner Jackentasche. »Das habe ich dir mitgebracht«, murmelte ich, als ich Dir den Umschlag gab.

Als Du den Umschlag geöffnet und die Bilder angesehen hast, hast Du gelächelt und hast sie eine Weile betrachtet.

»Ich danke dir, Amy«, sagtest Du schließlich. »Kann ich mir davon Abzüge machen lassen, bevor ich sie dir wieder zurückgebe?«

»Du kannst sie gerne behalten«, erwiderte ich.

»Wie aufmerksam von dir«, meintest Du, dann hast Du Dich entschuldigt, bist ins Haus gegangen und mit einer großen Kiste voller Bilder zurückgekommen.

»Ich glaube, wir hatten beide dieselbe Idee. Ich habe mir letzte Nacht alle meine Bilder angesehen und einige ausgewählt, von denen ich dachte, du würdest sie gerne ansehen.« Das erste, das Du mir zeigtest, war ein Schwarzweißfoto eines Teenagers mit einem karierten Kleid.

»Das bin ich«, sagtest Du. »Damals war ich schon mit dir schwanger, man sah es jedoch noch nicht.« Automatisch sahen meine Augen den Bauch auf dem Foto an. Ich dachte mir: »Hier bin ich.«

»Das kannst du behalten, Amy. Aber das ist das einzige, das ich in diesem Alter von mir habe. Auf allen anderen Bildern ist Deine Familie zu sehen.«

Ich dachte mir: »Wie großartig!«, lächelte aber freundlich.

»Fangen wir mit deinen Brüdern und Schwestern an«, meintest Du, als Du Deinen Stuhl näher an meinen rücktest.

Dann zeigtest Du mir eine Reihe von Fotos mit Kindern, Dich und Deinem Mann und vielen anderen Leuten, über die Du ausführliche Geschichten erzähltest, damit ich, so nahm ich an, wahrscheinlich denken sollte, daß ich zur Familie gehörte. Aber diese Leute, die Du mir so ausführlich beschrieben hast, interessierten mich nicht.

Statt dessen schaute ich oft und lange auf das Foto auf dem Tisch vor mir mit Dir, als Du mit mir schwanger warst. *Dieses* Bild bedeutete mir viel mehr als alle anderen Fotos mit Deiner/meiner Familie.

Dieses Bild zeigte Dich und mich.

Deine ausführlichen Erklärungen endeten mit einem Foto, auf dem Du ein Baby in Deinem Arm hältst und in die Kamera lachst. Ich sah mir noch einmal das Foto mit Dir als Teenager an und dann auf das Bild mit Dir und dem Baby. Plötzlich mußte ich fast weinen.

»Möchtest du von diesen Fotos hier Abzüge?« hast Du mich gefragt.

Ich mußte blinzeln, weil meine Augen feucht wurden.

»Amy?«

»Nur von einem«, meinte ich leise und sah auf den Boden, um Dich nicht ansehen zu müssen. »Ich würde gerne ein Bild sehen, auf dem ich als Baby auf dem Arm meiner Mutter bin. Mein Vater hat kein einziges Bild von seiner Hochzeit mit meiner Adoptivmutter – ich glaube, sie hat sie alle mitgenommen, als sie sich scheiden ließen –, deshalb habe ich auch kein Foto, auf dem mich Margery im Arm hält. Es gibt auch kein Foto, auf dem ich auf dem Arm meiner Pflegemutter zu sehen bin. Als ich meine Stiefmutter kennenlernte, war ich schon sieben – und zu alt, um wie ein Baby auf dem Arm gehalten zu werden.«

»Es macht mich so traurig, wenn ich sehe, wie du auf diesem Bild deine Tochter auf dem Arm hast.«

»Das ist mein Sohn«, meintest Du und sahst Dir das Foto an.

»Nun gut, deinen Sohn«, verbesserte ich mich mit einer Spur von Ungeduld in meiner Stimme. »Ich kann das nicht erkennen. In diesem Alter sehen alle Babys gleich aus. Aber für mich ist es wichtig, daß du ihn *im Arm hältst*. Du bist seine Mutter, und du *hältst ihn auf dem Arm*.«

Du bist vom Stuhl aufgestanden und hast Dich neben mich gestellt.

»Amy, ich bin deine Mutter, und ich kann dich auch jetzt halten.« Du hast Dich zu mir gebeugt, Deine Arme um meine Schultern geschlungen und mich fest an Dich gedrückt.

Das machte mich erst ängstlich. Dann fiel mir auf, daß Du mich mit meinem Kummer trösten wolltest – daß Du meine *Mutter* warst und daß *Du mich im Arm hieltst*.

»Weißt du, Amy«, hast Du gesagt und an meinen Schultern gerieben, mich dann losgelassen und Dich wieder auf Deinen Stuhl gesetzt, »nachdem ich das älteste von deinen Geschwistern, meinen Sohn, geboren hatte, habe ich geweint. Ich habe ihn fest im Arm gehalten. Ich wollte ihn nicht auch weggeben. Ich hatte Angst, daß man ihn mir auch wegnehmen würde.«

Ich wischte mir meine Tränen aus den Augen. »Das muß sehr schlimm für dich gewesen sein.«

»Das war es. Das habe ich nie vergessen. Ich habe nie aufgehört, an dich zu denken, und ich habe mir immer um dich Sorgen gemacht. An jedem 3. Oktober erinnerte ich mich an deinen Geburtstag und fragte mich, was du wohl tun würdest und wie es dir gehen würde.«

Ich lächelte. »So lange Zeit habe ich auch an dich gedacht – wer du wohl warst und warum du mich wohl weggegeben hast.«

»Amy, wir haben uns vor vielen Jahren verloren. Aber jetzt haben wir uns wiedergefunden. Dich zu finden hat mich wieder vollständig gemacht. Ich bin wieder ein ganzer Mensch.«

Ich nickte. »Dich zu finden heißt für mich, Antworten zu finden, die ich brauche, um mich als ganzer Mensch zu fühlen. Ich habe mich selbst immer als ein unvollständiges Puzzle betrachtet, das nie fertig werden kann. Aber du wirst mir helfen, so vieles über mich herauszufinden. Ich will mehr wissen.«

»Was zum Beispiel?«

»Nun, ich habe mich immer gefragt, wann ich eigentlich geboren wurde und wo.«

»Du bist im St. Josephs Hospital zur Welt gekommen, das nur etwa 30 Minuten von hier entfernt ist, in derselben Stadt, in der auch meine Tante und mein Onkel lebten. Du bist zwischen drei und vier Uhr morgens geboren.«

Ich dachte über diese Informationen nach.

»War die Geburt schwierig?«

Du hast Deinen Kopf geschüttelt. »Nein. Sie verlief ohne Komplikationen. Du hast es mir sehr leichtgemacht.«

»Wußte mein Vater, daß es mich gab?«

Deine Augenbrauen gingen nach oben, und Dein Gesicht verlor sofort seinen zärtlichen Ausdruck. »Nein, Amy. Ich habe ihm nichts gesagt. Das war nicht wichtig für mich. Ich wollte nicht, daß er mit meinem Leben noch etwas zu tun hatte.«

»Wie hieß mein Vater?«

Dein ganzer Körper zuckte und verspannte sich. »Warum mußt du das wissen?« hast Du ein bißchen scharf gefragt.

Ich zuckte mit den Schultern. »Weil es mich interessiert. Weil er mein Vater ist. Weil …«

»Ich will nicht über ihn reden«, bist Du mir ins Wort gefallen. »Er war kein netter Mann. Er war … er war gewalttätig. Ich glaube nicht, daß du ihn kennenlernen willst.«

»Ich will ihn nicht *kennenlernen*, Ruth. Ich will nur wissen, wie er hieß, will seine Familiengeschichte wissen und seine Krankheiten – du weißt doch, dieselben Informationen, die ich auch von dir haben wollte.«

»Ich erinnere mich nicht an seinen Namen«, hast Du gesagt. »Aber ich weiß, daß er gesund war.«

»Und was weißt du über seine Familie? Gab es da …«

Du hast mir das Wort abgeschnitten. »Später, Amy, wenn du willst, werde ich versuchen, das

153

alles herauszufinden. Aber jetzt bitte ich dich, mit den Informationen zufrieden zu sein, die ich dir gegeben habe. An deinen Vater erinnere ich mich nur sehr ungern. Ich will nicht mehr an ihn denken.«

Bevor ich antworten konnte, kamen Ben und meine Freundin wieder von ihrem Spaziergang durch den Garten zurück. Du schienst sehr erleichtert zu sein, sie zu sehen. Ich ließ das Gesprächsthema über meinen leiblichen Vater fallen.

Ben wollte uns fotografieren. Er holte eine Sofortbildkamera aus dem Haus und machte erst ein Bild von mir, von Dir und dann von uns beiden.

Als wir auf die Veranda zurückkehrten und uns wieder hinsetzten, fiel mir plötzlich auf, wie müde ich war. Mein Körper war so ausgelaugt, als wäre ich gerade zehn Kilometer in der Hitze gelaufen. Mein Hirn war wie ausgetrocknet, als könnte ich jetzt über nichts mehr nachdenken.

Ich wollte nach Hause gehen, in der Badewanne im heißen Wasser entspannen und dann nur noch lange schlafen.

Ich sah Dich an, und mir viel auf, daß Du auch sehr erschöpft ausgesehen hast.

Deshalb habe ich kurz danach auch gesagt, daß ich jetzt gehen müßte. Du hast gesagt, Du würdest mich bald anrufen.

Als wir aufgestanden sind, um zu gehen, hast Du Deine Arme um mich geschlungen und mich fest an Dich gedrückt.

Vorsichtig legte ich meine Arme um Deine Schultern. Mir wurde bewußt, als ich Deine Arme um mich und meine um Dich spürte, daß ich erreicht habe, was ich mir als das Schwierigste in meinem Leben vorgestellt hatte:
Ich habe meine Anfänge gefunden.
Ich habe meine Antworten gefunden.
Ich habe Dich, meine leibliche Mutter, gefunden.

23. Mai 1985

Liebe Ruth,
heute habe ich eine »Gefühls«-Karte von Dir bekommen, auf der »Es ist in Ordnung« stand. Der Spruch begann mit: »Es ist in Ordnung, wenn wir vor Dingen Angst haben, die wir nicht verstehen…«
In der Karte hast Du geschrieben, wie schön es war, mich zu sehen, und hast Dich noch einmal für die Babyfotos bedankt.
»Diese Fotos werden ich immer in Ehren halten«, hast Du geschrieben.
Du hast gesagt, daß Du in Deinem Leben eine Wunde erlitten hast, die nur ich heilen konnte. Mir tat es gut, zu wissen, daß es Dir einmal sehr weh getan hat (die Wunde) und daß Du das Gefühl hast, daß die Wunde jetzt geheilt ist.
Und auch ich habe eine Art Frieden empfunden, als ich Dich besucht habe. Du hast mir die Antworten

gegeben, die ich wissen wollte und die ich gebraucht habe, Antworten, die nur Du mir geben konntest.

Als ich die Karte wieder weglegte, dachte ich mir, daß ich auch zufrieden wäre, wenn ich Dich nie wiedersehen würde.

Ich bin zufrieden mit dem, was Du mir schon alles gegeben hast. Ich brauche Dich gar nicht mehr um noch mehr zu bitten.

25. Mai 1985

Liebe Ruth,

vor mir auf dem Schreibtisch liegen die drei Bilder, die Ben von uns in Deinem Haus gemacht hat.

Eines der Fotos zeigt Dich ganz allein. Du lächelst in die Kamera. Die Sonne scheint Dir in die Augen, so daß Du blinzeln mußt. Du trägst pinkfarbene Hosen und einen weißen Pullover. Es ist ein warmer Tag, und deshalb hast Du auch die Ärmel bis zu den Ellbogen aufgekrempelt.

Als meine Freundin diese Bilder angesehen hat, als wir auf dem Weg nach Hause waren, meinte sie, daß sich unsere Gesichter sehr ähnlich sehen würden. »Ihr habt die gleiche Wangenform, wenn Ihr lacht«, meinte sie. Als eine Ampel rot war, sah ich mir die Bilder auch noch einmal an. Aber ich konnte keine Ähnlichkeit zwischen uns beiden feststellen.

Wenn ich die Bilder, auf denen wir beide zu sehen sind, jetzt betrachte, dann sehe ich immer von einer zur anderen, von mir zu Dir und von Dir zu mir, aber ich kann immer noch keine Ähnlichkeit feststellen. Das enttäuscht mich. Ich glaube, daß ich erwartet hatte, bevor ich Dich gesehen habe, daß wir uns ähnlich sehen würden oder daß man zumindest einige Ähnlichkeiten feststellen könnte.

Aber ich kann jetzt überhaupt nichts erkennen, was wir gemeinsam hätten.

2. Juni 1985

Liebe Ruth,
heute hast Du mich angerufen, um meine Freundin und mich am kommenden Samstag zum Essen in Dein Haus einzuladen.

»Lorraine kommt auch, und sie freut sich schon sehr darauf, dich kennenzulernen«, hast Du mir erzählt.

Ich sah in meinen Terminkalender. Ich hatte noch nichts anderes vor. Eigentlich wollte ich gar nicht zu Dir kommen, aber schon allein Deine Stimme klang so erwartungsvoll, daß Du unbedingt wolltest, daß ich kommen sollte.

Ich dachte mir: »Was ist eigentlich schon dabei, wenn ich Ruth noch einmal besuche und dabei

Lorraine kennenlerne? Wenn es Ruth so viel bedeutet, dann sollte ich das auch tun.«
Deshalb habe ich Dir auch gesagt, daß ich noch nichts anderes vorhätte.

15. Juni 1985

Liebe Ruth,
gestern war ich bei Dir zum Essen. Das Wetter war herrlich, und Dein Essen war hervorragend. Ich habe mich sehr gefreut, Dich wiederzusehen, und Lorraine und ich hatten uns gerade kennengelernt, als Du ausriefst: »Ich kann es einfach nicht glauben! Ich habe keine Hot dogs. Lorraine, könntest du bitte mit Amy zum Einkaufen fahren, um welche zu holen.«
Bevor ich noch überlegen konnte, ob die fehlenden Hot dogs von Dir absichtlich eingeplant worden waren, um Lorraine und mich zusammenzubringen (wer sagt eigentlich, daß man beim Essen immer Hot dogs haben muß?), saßen wir schon gemeinsam im Auto und fuhren los.
Ich wußte überhaupt nicht, was ich zu ihr sagen sollte. Aber sie schien ganz entspannt zu sein und begann mir von ihrem Freund zu erzählen.
Ich erinnere mich, daß ich mich fragte: »Ist das ein typisches Gespräch unter Schwestern?« Deshalb habe ich auch versucht, ihr adäquat zu antworten und ihr Ratschläge zu geben.

Als wir wieder zurück waren, verging der Tag schnell und angenehm. Du konntest mehr über mein jetziges Leben erfahren, weil wir uns nicht über die Adoption, sondern über vieles andere unterhielten, weil auch Lorraine dabei war.

Wenn ich jetzt wieder an unser Gespräch denke, dann fällt mir auf, daß wir beide die Gelegenheit hatten, uns miteinander über andere Dinge als die Adoption zu unterhalten. Ich habe sogar fast den ganzen Nachmittag nicht daran gedacht, daß Du meine leibliche Mutter bist. Statt dessen hatte ich das Gefühl, daß mich eine Nachbarin zu einem gemütlichen Plauderstündchen eingeladen hätte.

Nur einmal mußte ich an den eigentlichen Grund unseres Treffens denken: als Ben wieder seine Sofortbildkamera hervorholte und fotografierte – diesmal Lorraine und mich, dann Dich, mich und Lorraine. Diese Fotos liegen gerade vor mir auf dem Tisch, neben den anderen.

21. Juli 1985

Liebe Ruth,
bis spät in die Nacht schreibe ich zwar an meinem ersten Buch, aber ich habe trotzdem am letzten Wochenende Ben und Dich zu mir in mein Haus zum Mittagessen eingeladen.

Diesmal habe ich Dich das erste Mal getroffen, ohne daß meine Freundin mit dabei war. Obwohl ich mich immer noch ein bißchen unwohl gefühlt habe – weil ich Dich eigentlich gar nicht gut kenne und weil wir über alles, was mit meiner Adoption zusammenhängt, schon gesprochen haben –, glaube ich, daß wir trotzdem einige schöne Stunden zusammen verbracht haben.

Ich würde mir dennoch wünschen, daß Du nicht fast pausenlos über die anderen Familienmitglieder reden würdest. Ich wollte, Du würdest nicht ständig die Personen aus Deiner Familie *meine* Schwestern, *meine* Tanten und so weiter nennen. Dabei komme ich mir so vor, als würdest Du mich mit Gewalt in Deine Familie hineinziehen, bevor ich das selbst will.

Ich glaube jetzt noch nicht, daß *Deine* Familie auch *meine* Familie ist.

Ich weiß nicht, ob ich überhaupt jemals soweit komme.

19. August 1985

Liebe Ruth,

meine Eltern haben mich am letzten Wochenende besucht. Ich habe ihnen gesagt, daß ich mich mit Dir getroffen habe, und ich habe ihnen alles erzählt, was Du mir über meine Adoption gesagt hast. Ich habe ihnen auch das Bild mit Dir als Teenager gezeigt und alle Fotos, die Ben gemacht hat.

Als wir zu Abend gegessen haben, ist mir aufgefallen, daß erst vor knapp einem Monat Du und Ben mir gegenüber an diesem Tisch gesessen seid, an dem jetzt mein Vater und Sonja saßen.

Aufgefallen ist mir auch, daß ich viel entspannter war, viel mehr redete und daß ich viel glücklicher in der Gesellschaft meines Vater und Sonjas war. Ich fühlte mich in ihrer Gegenwart so wohl und so sicher.

Als sie aufbrechen wollten, wollte ich sie erst gar nicht gehen lassen. Ich spürte, wie sich eine Mauer aus Einsamkeit um mich legte, was ich so noch nie vorher empfunden hatte, wenn sie sich von mir verabschiedeten.

Deshalb habe ich etwas zu ihnen gesagt, was auch mich überraschte, weil ich ihnen so etwas vorher noch nie gesagt hatte:

»Habt ihr etwas dagegen, wenn wir in Zukunft mehr Zeit miteinander verbringen – wir drei? Ich glaube, daß wir uns einfach nicht oft genug sehen. Manchmal habe ich das Gefühl, daß ihr mir sehr fehlt. Wir könnten doch öfter miteinander Essen gehen oder ins Kino oder …«

Ich mußte anfangen zu weinen, aber ich hatte erst einige Tränen vergossen, als ich schon wieder lachen konnte.

»Ist das nicht dumm von mir? Ich weiß gar nicht, was mit mir los ist! Ich bin traurig und glücklich zugleich. Ich glaube, daß meine Suche nach Ruth und mein Nachdenken über meine Vergangenheit jetzt zu einem Ergebnis geführt haben, was mich auch ein bißchen traurig macht, weil es mich so lange beschäftigt hat. Aber seit ich sie gefunden habe, habe ich auch erkannt, daß ich hier glücklich bin, wo ich bin, mit euch als Eltern. Trotz all unserer Probleme glaube ich, daß ich eine ganz glückliche Kindheit gehabt habe. Ich glaube, wir können alle zufrieden damit sein.

Seit ich Ruth gefunden habe, schätze ich alles viel mehr, was ich habe, und suche nicht mehr nur danach, was ich nicht habe.«

Dann umarmte ich meinen Vater und sagte ihm, daß ich ihn sehr liebhabe.

Dann wandte ich mich an Sonja.

Sonja und ich hatten nur selten sehr engen Kontakt zueinander gehabt, weder körperlich noch emotional.

Aber jetzt schlang ich meine Arme um sie und flüsterte ihr ins Ohr: »Ich liebe Dich, Mama.«

Ich weiß nicht, was meine Eltern über meine Tränen und mein plötzliches Bedürfnis nach mehr Nähe zu ihnen dachten, aber in diesem Moment war nichts, was ich jemals gesagt oder getan hatte, richtiger, als meine Eltern zu umarmen und ihnen zu sagen, daß ich sie liebe.

Liebe Ruth,
ich habe über mein Unbehagen nachgedacht, das
ich damals am Ende unseres ersten Telefonats empfunden habe (als wir uns erstmals über Deine/mei-
ne Familie unterhalten haben und Du mir sagtest,
daß Du und Deine Familie mich als Mitglied in
Deine/meine Familie aufnehmen wollt), und über
meine letzte, sehr herzliche Begegnung mit meinen Eltern.

Letzte Nacht habe ich alle meine Briefe, die ich Dir
seit August 1984 geschrieben habe, noch einmal
gelesen und habe plötzlich verstanden, warum ich
Dir und meinen Eltern diese Gefühle entgegengebracht habe.

Ich habe noch keine Familie als meine eigene betrachtet.
Ich mußte als Adoptierte immer darum kämpfen,
ein Gefühl zu entwickeln, irgendwo dazuzugehören, und ich hatte noch nie das Gefühl, daß ich zu
einer Familie gehöre, nicht einmal zu meiner
Adoptivfamilie. Ich habe zum Beispiel noch nie
behauptet, daß ich eine Dean bin, obwohl ich meinen Vater, Sonja und Margery liebe.

Und obwohl ich die Verwandten väterlicherseits
sehr gern habe und alle wichtigen Feiertage mit
Sonjas Verwandtschaft verbringe – Ostern,
Thanksgiving und Weihnachten –, hatte ich noch
nie das Gefühl, daß ich zu der einen oder zu der
anderen Seite wirklich gehöre.

Bei keiner der Familien, zu denen ich in meinem Leben gehörte und immer noch gehöre, hatte ich jemals das Gefühl, wirklich dazuzugehören.

Sonjas Familie stammt aus Skandinavien. Alle haben blondes Haar, blaue Augen und eine helle Haut. Meine Großmutter hatte immer einen starken schwedischen Akzent. Ich wußte immer sofort, wenn Sonja am Telefon mit ihr sprach – dann unterhielten sie sich auf Schwedisch, und ich konnte nur die Namen von meinem Vater und mir verstehen.

Meine Großmutter war eine großartige Köchin, die hervorragend backen konnte: vor allem Kekse, Brot und Kuchen. Als sie starb, nahm sie ihre Rezepte mit ins Grab. Mein Vater hat einmal gemeint, daß ich vor ihrem Tod mehr Zeit mit ihr hätte verbringen sollen, damit ich gelernt hätte, diese schwedischen Spezialitäten zu backen. Aber ich hatte nicht das Gefühl, daß ich das unbedingt hätte tun müssen.

Die Familie meines Vater hat schwarze Haare und blaue oder dunkelbraune Augen. Mein Vater ist in einer großen Familie aufgewachsen, in der die Kinder zusammen gespielt haben und gleichzeitig zum Wettbewerb gegeneinander erzogen worden sind. Das Bewußtsein, ein Gewinner sein zu müssen, hat sie auch als Erwachsene nicht verlassen. Heute weiß ich deshalb auch genau, woher mein Ehrgeiz stammt und mein Wille, mich mit anderen messen zu wollen.

Aber die Familie Dean lebt quer über das ganze Land verstreut. Wir hatten schon seit 20 Jahren kein Familientreffen mehr.

Margerys Familie betrachte ich auch als meine Familie. Aber ich kenne die einzelnen Familienmitglieder gar nicht alle genau und weiß auch nicht, wo sie alle wohnen.

Deine Familie kenne ich nicht, obwohl ich mit ihnen durch das stärkste Band verbunden bin, das man haben kann – wir haben dasselbe Blut.

Ich hatte noch nie das Gefühl, wirklich zu einer Familie zu gehören, aber mir fällt jetzt auf, daß ich eigentlich *jede* oder *alle* dieser Familien als meine betrachten kann, wenn ich das will, ob ich mit ihnen biologisch verwandt bin, von ihnen adoptiert wurde, ob sie mich in Pflege hatten oder ob ich nur freundschaftlich mit ihnen verbunden bin. Vielleicht denkst Du, daß ich es genieße, so viele Familien zu haben, weil ich die Wahl habe, mir auszusuchen, zu wem ich gehören will, und weil ich mich die meiste Zeit meines Lebens wirklich machtlos gefühlt habe.

Aber mir macht es eher angst, zu einer Familie zu gehören.

Manchmal denke ich, daß ich die meiste Zeit meines Lebens damit verbracht habe, für die Personen, die zu meiner Adoptivfamilie gehören, Türen auf und wieder zuzumachen. Mit der Zeit hatte ich das Gefühl, daß mir meine Tanten und Onkel, meine Cousins und Cousinen und meine Großmutter durch die vielen Gespräche und gemeinsamen Unternehmungen immer näher standen, aber ich hielt sie alle auf Distanz – sowohl physisch als auch emotional (alle, nur meinen Vater nicht).

Ich glaube, ich habe immer gedacht, daß diese Personen, wenn ich sie an meinem Leben teilhaben lasse – mit ihnen Spaß haben kann, mich in ihrer Gesellschaft wohl fühle, ihnen näherkomme und für sie Liebe empfinde –, mich dann eines Tages verlassen werden und ich alle wieder verlieren werde.

Ich fürchte mich vor der Liebe, die sie mir entgegengebracht haben oder mir entgegenbringen wollen, nicht nur deshalb, weil dieses Gefühl so stark ist, sondern weil ich immer daran geglaubt habe, daß ich mich selbst vor den schlimmsten Konsequenzen meiner Adoption schützen müßte: vor *Verlusten*.

Ich wollte nie zu einer Familie gehören, weil ich keine Familie verlieren will. Ich will keine Gefühle für etwas empfinden, was nicht von Dauer sein könnte. Deshalb habe ich auch immer geglaubt: *Familien hat man nicht ewig.*

Laß mich Beispiele nennen, warum ich das glaube. Mom Fowler hat mir einmal erzählt, wie sie zufällig Margery, meinen Vater und mich vor der Veranda ihres Hauses belauscht hatte. Meine Eltern und ich hatten gerade das Wochenende miteinander verbracht und brachten mich in die Obhut der Familie Fowler zurück.

Als Mom Fowler aus dem Fenster sah, hörte sie, wie mein Vater rief: »Familiengruppe! Familiengruppe!«, und dabei sah sie uns drei – Mutter, Vater und Kind –, wie wir wie eine Footballmannschaft Arm in Arm nebeneinander standen.

Das war die Familiengruppe, mit der mein Leben begann. Das war die Familiengruppe, die ich haben wollte. Das war die Familiengruppe, die mich mit Liebe umgab. Das war die Familiengruppe, bei der ich das Gefühl hatte, dazuzugehören. Und das war auch die Familiengruppe, die ich verloren habe.

Familien hat man nicht ewig.

Dann gab es Mom und Dad Fowler, die mich voller Liebe und Warmherzigkeit erzogen, und meine beiden Pflegebrüder. Selbst nachdem mein Vater Sonja geheiratet hatte, redete ich immer noch davon, daß ich lieber wieder bei den Fowlers leben wollte.

Familien hat man nicht ewig.

Die Schwierigkeiten, die Sonja und ich hatten, uns als Mutter und Tochter zu verstehen, haben nicht nur dafür gesorgt, daß wir uns fremd geblieben sind, sondern haben meinen Vater auch davon abgehalten, uns beiden gleichzeitig nahezustehen.

Familien hat man nicht ewig.

Und nun erwartest Du, daß ich mich sicher und behütet in Deiner/meiner Familie fühle. Du hättest gerne, daß ich mich mit allen Mitgliedern Deiner Familie treffe und mit Dir die Ferien verbringe (die Pläne Deiner/meiner Familie für das kommende Thanksgiving und Weihnachten hast Du mir genannt, als Du und Ben in meinem Haus zu Abend gegessen haben.)

Mir machen Familien immer angst. Familien können verletzen. Familien können enttäuschen. Familien können auseinanderfallen.

Familien hat man nicht ewig.

Aber Dich zu finden hat mir eine neue Perspektive für Familien überhaupt gegeben. Ich bin jetzt dazu bereit, mich überhaupt zu einer Familie gehörig zu fühlen.

Ich bin eine Dean. Bruce Dean ist mein Vater, Margery Dean ist meine Adoptivmutter, und Sonja Dean war die meiste Zeit meines Lebens meine Mutter. *Ich bin eine Dean.*

Da Du meine leibliche Mutter bist, hast Du selbstverständlich einen Platz in meinem Leben. Aber ich will nicht, daß Deine/meine Familie auch eine Rolle in meinem Leben spielt.

Ich will und brauche meine Gefühle für Sicherheit und Geborgenheit innerhalb einer Familie für Bruce und Sonja Dean – meine Mutter und meinen Vater – und für die Mitglieder dieser beiden Familien.

3. Oktober 1985

Liebe Ruth,
heute habe ich von Dir eine Geburtstagskarte bekommen, von Mom und Dad Fowler und von meinen Eltern. (Wenn Margery noch leben würde, glaube ich, hätte ich auch von ihr eine bekommen!)

Als ich Deinen Namen und die der anderen auf den Karten sah, erinnerte ich mich daran, daß ich immer zwei Karten an Muttertag schrieb: eine an Sonja und eine an Mom Fowler. (Und wenn Margery noch leben würde, würde ich ihr auch eine schreiben!) Jetzt werde ich auch Dich auf meine Liste für Muttertagskarten setzen!

29. November 1985

Liebe Ruth,
das letzte Thanksgiving war eines der schönsten, das ich jemals mit meinen Eltern und Sonjas Familie erlebt habe. Ich kenne die ganze Familie schon (und sie kennen mich), seit ich sieben Jahre alt bin, so lange kenne ich noch keine andere Familie. Mir fiel auch auf, wie wohl ich mich dabei fühlte, diese Kontinuität kennengelernt zu haben.
Ich habe sogar Sonja in der Küche geholfen, und wir haben uns nicht ein einziges Mal gestritten!
Als ich aufbrechen wollte, sagte eine meiner Tanten: »Amy, ich weiß nicht, was mit dir heute los ist, aber du siehst wirklich großartig aus. Du hast so eine positive Ausstrahlung. Du scheinst so glücklich zu sein. *Du scheinst dich so gut im Griff zu haben.*«
Als ich nach Hause fuhr, habe ich mir überlegt, daß es mir so gutgeht, seit ich Dich gefunden habe und

mehr über die Umstände meiner Adoption erfahren habe.

Ich habe mich sehr gut im Griff.

Ich bin so zufrieden und fühle mich rundherum wohl.

Dich zu finden und Antworten zu bekommen, hat mich so glücklich gemacht.

23. Dezember 1985

Liebe Ruth,

ich sitze hier am Schreibtisch und bin sehr erstaunt und irritiert. Ich habe gerade den Brief gelesen, den Du mir nach meinem Besuch am 20. Dezember geschrieben hast, als ich bei Dir war, um Dir meine Weihnachtsgeschenke zu bringen. Dem Grundton Deines Briefes kann ich entnehmen, daß Du sehr verärgert bist – vor allem bist Du zornig darauf, wie ich mich (Deiner Ansicht nach) bei diesem Besuch verhalten habe.

Obwohl es mir leid tut, daß ich Dich offensichtlich verletzt habe und Du deshalb unglücklich bist, verstehe ich Deinen Zorn eigentlich nicht ganz. Du bist vor allem wütend darauf, was ich Dir bis jetzt in unserer Beziehung zueinander zu geben bereit bin – und was Du für mich empfindest.

Du hast erwähnt, wie verletzt Du warst, weil ich Dich nicht umarmt habe, als ich in Dein Haus gekommen bin. Ruth, ich habe jetzt erst damit begonnen, Sonja zu umarmen, wenn ich sie sehe, und sie ist schon seit über 24 Jahren meine Mutter! Ich war noch nie jemand, der anderen Leuten gerne um den Hals fällt – meinen Vater ausgenommen. Diese Art von körperlicher Nähe kann ich nur schwer aushalten.

Ich kenne Dich (oder soll ich sagen – ich kenne Dich kaum) seit noch nicht einmal *sieben Monaten*. Vielleicht fällt es Dir sehr leicht, mich zu umarmen, *mir jedoch nicht*.

Ich würde mir wünschen, daß Du die Tatsache, daß ich Dich nicht umarme, so sehen könntest, daß ich noch nicht genau weiß, was ich eigentlich für Dich empfinde. Für mich ist eine Umarmung eher unangenehm. Ich wollte, Du würdest meine Einstellung akzeptieren und mir Zeit lassen, Dich erst dann zu umarmen, wenn ich dazu bereit bin.

Ich würde mir wünschen, daß Du einer Umarmung als symbolischer Geste für Zuneigung weniger Wert beimessen würdest und die Tatsache berücksichtigen würdest, daß ich alles mögliche unternommen habe, um Dich zu sehen und mit Dir zusammen diesen wichtigen Familienfeiertag begehen wollte.

In Deinem Brief hast Du auch erwähnt, daß Du Dein Haus stundenlang auf Hochglanz gebracht hast, damit für mich alles so schön wie möglich hergerichtet war. Dann warst Du sehr enttäuscht, als ich nicht einmal meinen Mantel ausziehen wollte. Für Dich hieß das, daß ich Dir damit ganz offen zeigte, daß ich Deine Mühe, für mich alles in Deinem Haus so angenehm wie möglich gemacht zu haben, nicht anerkennen wollte.

Liebe Ruth, ich wollte wirklich nicht, daß Du Dir mit meinem Besuch so viel Mühe machst. Ich habe Dir gesagt, daß ich nur kurz vorbeischauen wollte. Ich habe Dir schon bevor ich kam gesagt, daß ich nicht so lange bleiben könnte. Was machte das eigentlich für einen Unterschied, ob ich meinen Mantel anbehielt oder nicht? *Ich war bei Dir!*

Außerdem hast Du erwähnt, daß ich mich so benehmen würde, als ob ich in Deinem Haus eine Fremde sei. *Aber ich bin eine Fremde!* Du magst mich vielleicht nicht als solche sehen, aber ich fühle mich bei Dir so!

Ich wollte, Du würdest verstehen, wie sehr Du mich manchmal unter Druck setzt und wie unwohl ich mich dabei in Deiner Nähe fühle.

Es tut mir leid, daß Du Dich über mich so geärgert hast und mir deshalb so einen zornigen Brief geschrieben hast. Aber ich weiß nicht, wie ich Dir all das geben soll, was Du erwartest, wenn das, was Du willst, nicht auch das ist, was *ich* will.

26. Dezember 1985

Liebe Ruth,
du hast einige Male angerufen, um mich zu Dir
und Deiner Familie einzuladen. Ich habe jedesmal
abgesagt. Ich fühle mich in Deiner Familie einfach
nicht wohl. Ich habe nicht das Gefühl, daß ich zu
ihr gehöre.

5. Januar 1986

Liebe Ruth,
die abwechslungsreichen Ferien haben mir auch
die Möglichkeit gegeben, ein bißchen Abstand zu
Deinem Brief zu bekommen, den Du mir geschrieben hast. Vielleicht wird das, was ich in diesem Brief schreibe, Dir dabei helfen können, mich
besser kennenzulernen, damit Du mir in Zukunft
ein bißchen mehr Freiheit in unserer Beziehung
zueinander gestatten kannst.
Erinnerst Du Dich, daß ich Dich in einem früheren
Brief einmal gefragt habe, was wohl stärker sei,
Gefühlsbeziehungen oder verwandtschaftliche Beziehungen? Ich glaube, es wird Dir dabei helfen,
mich ein bißchen besser zu verstehen, wenn Du
daran denkst, daß Du eine verwandtschaftliche Beziehung zu einer Familie hast, die Dich auch aufgezogen hat. Du hast Kinder, in denen Dein Blut

fließt, die Du selbst aufgezogen hast. Und Du hast mich, Dein erstes Kind, und damit noch jemanden, in dem Dein Blut fließt.

Aber Du bist die erste Verwandte, die ich in meinem Leben hatte. Mir ist eine solche Beziehung fremd. Eine solche Beziehung ergibt sich nicht automatisch nur deshalb, weil Du meine biologische Mutter bist. In meinem Leben kannte ich bis jetzt nur emotionale Beziehungen, die sich mit der Zeit entwickelten. Auch sie waren nicht selbstverständlich. Mein Vater, meine Pflegeeltern, Sonja und ich haben uns viel *Mühe* miteinander gegeben, Vertrauen und Kontinuität, gegenseitige Hilfe und ein Gefühl für Sicherheit aufzubauen, sich umeinander zu kümmern und sich zu lieben.

Weil mir emotionale Beziehungen von daher vertrauter sind, brauche ich auch mehr Zeit, um andere Beziehungen eingehen zu können.

Ich *kann* Dir *nicht* herzliche Wärme und Zuneigung zeigen. Ich *kann* Dir gegenüber *nicht* so offen sein, wie Du es zu mir bist.

Ich brauche mehr Zeit, um emotionale Nähe entstehen zu lassen.

Wenn Du von mir erwartest, daß ich Dinge sage oder mache, die für Dich selbstverständlich sind, fühle ich mich von Dir immer unter Druck gesetzt, wenn ich bei Dir bin. Und ich glaube nicht, daß das gut ist.

Ich glaube, daß es wichtig ist, daß wir beide uns wohl fühlen, wenn wir uns treffen. Wenn das nicht so ist, werden wir in Zukunft miteinander nur Schwierigkeiten haben und voneinander enttäuscht sein.

18. Februar 1986

Liebe Ruth,
manchmal glaube ich, daß ich das, was ich als Adoptierte eigentlich gesucht habe, nicht gefunden habe.

Die Geschichten, die ich über Adoptivmütter und -kinder, die sich wiedergefunden haben, immer in Zeitschriften gelesen und in Talk-Shows gesehen habe, hatten alle ein Happy-End, bei denen das Adoptivkind und seine leibliche Mutter immer Freunde – und meist die allerbesten – geworden sind. Diese Leute scheinen nie Probleme damit gehabt zu haben, sich emotional oder physisch aneinander zu gewöhnen. Sie behaupten meist sogar: »Vom ersten Moment an, als ich sie/ihn gesehen habe, kam es mir vor, als sei ein Märchen wahr geworden. Wir sind Freunde fürs ganze Leben geworden.« In einigen dieser Geschichten treffen sich die leiblichen Eltern auch mit den Adoptiveltern, und alle kommen wunderbar miteinander aus – wie eine einzige große und glückliche Familie.

Warum war es bei uns nicht so, als wäre ein Traum wahr geworden?

Manchmal glaube ich, daß ich etwas falsch gemacht habe, weil es so gekommen ist.

4. März 1986

Liebe Ruth,
eine meiner Bekannten (die selbst nicht adoptiert
ist) hat mir heute geschrieben und meinen Brief
beantwortet, den ich ihr kürzlich geschrieben habe
und in dem ich alles, was zwischen Dir und mir
passiert ist, erzählt habe.
Sie schrieb: »Amy, ärgere Dich nicht über Dich
selbst. Ich glaube, daß die Geschichte Deiner Wie-
derbegegnung viel typischer ist, als Du vielleicht
denkst. Wir hören immer nur die tollen Geschichten über die herzliche Wiedervereinigung von
Mutter und Kind. Deine Reaktion und die Deiner
leiblichen Mutter sind wahrscheinlich lebensnäher,
als uns die Medien glauben machen wollen. Ich
glaube nicht, daß es einfach sein wird, weder für
Dich noch für Deine Mutter. Aber ich glaube, daß
das auch zu erwarten war.«
Ich glaube, daß meine Bekannte recht hat, denn
von den unerfreulichen oder enttäuschenden Wiedersehen erfahren wir ja nichts, denn wer würde
das auch schon gerne hören? Kein Herausgeber
einer Zeitschrift und kein Talk-Show-Gast würde
gerne eine Geschichte wie die unsere erzählen, die

auf beiden Seiten nur mit Enttäuschung, unerfüllten Erwartungen und unklaren Ergebnissen endet.

Liebe Ruth, als wir uns zum erstenmal gesehen haben, sind wir uns nicht in die Arme gefallen. Wir sind keine Busenfreundinnen geworden. Wir haben immer noch damit zu kämpfen, erst miteinander und jetzt jede für sich allein, einen brauchbaren Mittelweg, einen Ausgleich zwischen Geben und Nehmen zu finden, mit dem wir beide leben können.

Wir haben noch keine Beziehung zueinander entwickeln können, bei der wir beide das haben, was wir uns vorstellen, was wir brauchen oder haben wollen.

Aber ich glaube, daß wir beide in der Lage sein sollten, das zu erkennen, was wir jetzt erreicht haben, und alles, so wie es jetzt ist, auch ganz in Ordnung finden sollten.

Natürlich gibt es einige Treffen, bei denen wir uns glänzend verstehen. Aber manchmal sind wir auch »wie Öl und Wasser«. Einige Treffen sind das reinste Vergnügen. Und andere wieder sind so schwierig zu verdauen wie ungezuckerter Zitronensaft.

Unsere Treffen sollten wir als einzigartig ansehen, die so unterschiedlich sein können, wie es die Individuen, die sich dabei treffen, selbst auch sind.

Liebe Ruth,
ich möchte, daß Du eines weißt: *Meine Suche nach Dir war für mich sehr erfolgreich, trotz unserer Differenzen.*

Ich habe nun Antworten auf die Geheimnisse meines Lebens gefunden: Woher ich komme, wer Du bist und warum ich zur Adoption freigegeben worden bin.

Du hast mir geholfen, meine Vergangenheit für mich wieder lebendig werden zu lassen.

Obwohl ich nicht weiß, was ich als nächstes tun werde, will ich doch alles versuchen. Obwohl ich Dir nicht geben kann, was Du willst oder brauchst (Du scheinst mehr von mir zu wollen und zu erwarten, als ich Dir geben kann), hast Du mir gegeben, was ich gewollt und gebraucht habe. Momentan erwarte ich nicht mehr.

Ich glaube, das bedeutet, daß wir in einer Sackgasse steckengeblieben sind.

Aber es könnte auch bedeuten, daß wir uns nur Zeit lassen und später ein anderes Verhältnis zueinander entwickeln werden.

Wer kann schon wissen, was uns die Zukunft noch alles bringen wird?

Die Zeit wird zeigen, wie sich unsere Beziehung weiterentwickeln wird.

Epilog

Glauben Sie nicht, daß jeder mit gewisser Bitterkeit und Bedauern über irgend etwas in seiner Kindheit denkt? Das muß jedoch nicht unser Leben ruinieren ... Haben Sie das nicht langsam satt? Wie langweilig, langweilig, langweilig.

Ernest Thompson

Ich glaube nicht, daß meine wirkliche Mutter jemals meine Mutter sein wird. Ich habe ein gutes Verhältnis zu ihr, aber ich habe schon oft gesagt, daß ich froh bin, adoptiert worden zu sein. Meine Adoptivmutter wird für mich immer meine eigentliche, wirkliche Mutter bleiben.

Suzanne Beebe, Mitbegründerin von TRY
(Today Unites Yesterday),
einer Wohltätigkeitsorganisation
in Northampton, Massachusetts,
die Eltern unterstützt,
die ihre Kinder zur Adoption freigeben,
und Adoptierte,
die ihre leiblichen Eltern suchen

Von Ende 1986 bis 1989 hatte ich zu meiner leiblichen Mutter nur gelegentlich Kontakt, wenn wir uns im Urlaub gegenseitig Karten schrieben. Manchmal schrieben wir auch eine kurze Bemerkung auf die Karte, wie: »Bin wirklich zu beschäftigt, denke aber an Dich«, meist aber schrieben wir nur kurze Grüße mit Unterschrift.

Im Herbst 1989 begann ich in Sitzungen mit einem Therapeuten über meine Adoption zu reden. Wir stellten fest, wie sehr mein Gefühl für Verlust und Machtlosigkeit viele Gebiete meines Lebens beeinflußt hat und immer noch beeinflußt. Da mir Schreiben immer geholfen hat, einen besseren Überblick über meine konfusen Gedanken und Gefühle zu bekommen, begann ich dieses Buch zu schreiben.

In dieser Zeit nahm ich auch den Kontakt zu meiner leiblichen Mutter wieder auf, um ihr wieder eine Tür zu öffnen und um sie wissen zu lassen, daß ich bereit sei, eine neue Beziehung zu ihr aufzubauen. Sie ließ mich wissen, daß sie gerade großen psychischen Streß hätte, weil sie sich scheiden ließe, und daß es für sie besser sei, wenn ihr Gefühlshaushalt momentan nur damit belastet sei. Aber sie sagte auch, daß sie glücklich sei, daß ich wieder Kontakt mit ihr aufgenommen hätte, daß sie immer noch an mich denken und daß sie mich lieben würde.

Im März 1990 schrieb ich an das Krankenhaus, in dem ich geboren worden war, um herauszufinden, ob ich aus dem Geburtsregister Informationen über meinen Vater erhalten könnte. Man teilte mir mit, daß ich wahrscheinlich einen Gerichtsbeschluß bräuchte, in dem meine leibliche Mutter die Öffnung der entsprechenden Akten gestattet.

Meine leibliche Mutter stemmte sich vehement gegen meine Bitte, das Geburtsregister einsehen zu können, um an diese Informationen zu gelangen. Sie war der Meinung, daß ich kein Recht hätte, *ihr* Geburtsregister zu öffnen, und daß ich mit den Informationen »zufrieden« sein sollte, die sie mir schon über meinen leiblichen Vater gegeben hatte.

Obwohl ich versucht habe, ihr zu erklären, daß ihr Geburtsregister auch das meine sei, daß meine familiäre Krankengeschichte ohne die Angaben über meinen leiblichen Vater immer noch unvollständig sei und daß ich im Gegenteil das Recht hätte, zu wissen, wer er war, ganz egal, welches Verhältnis sie zu ihm gehabt hatte, weil er mein biologischer Vater sei – sie gab nicht nach.

Am 19. März 1990 habe ich ein letztes Mal mit meiner leiblichen Mutter gesprochen.

In einem früheren Brief an meine leibliche Mutter habe ich folgendes geschrieben:

»Ich glaube, daß es in Ordnung ist, wenn wir beide füreinander Türen öffnen und wieder schließen können.«

Jetzt scheint es so zu sein, als ob beide ihre Türen wieder geschlossen hätten.

Wenn oder falls ich sie wieder aufmache, werden wir in Zukunft sehen.

Notiz

Die Autorin ist daran interessiert, Geschichten von Adoptierten und leiblichen Eltern zu sammeln, die sich gesucht haben, um daraus ein Buch zu machen, in dem die verschiedenen Vorgehensweisen, Resultate und Wiedervereinigungen beschrieben werden.

Wenn Sie dazu Ihre Geschichte beitragen möchten, schreiben Sie bitte an Amy E. Dean c/o Pharos Books – Adoption Stories, 200 Park Avenue, New York, NY 10166, um nähere Einzelheiten zu erfahren.

Nachwort
für die deutsche Ausgabe

Als ich gebeten wurde, diesem Buch ein Nachwort anzufügen, sagte ich spontan zu, noch bevor ich das Buch und seine Übersetzung in Händen hatte. Nachdem ich dann die bewegenden Briefe von Amy Dean und die Einleitung von Yvonne Kaye gelesen hatte, war ich nicht mehr überzeugt, daß man dem Buch noch etwas hinzufügen sollte. Diejenigen, die diese Briefe lesen würden, könnten doch gar nicht mehr anders, als die Sehnsucht Adoptierter nach konkretem Wissen über ihre Herkunft und ihre Geschichte und ihr Bestreben, ihre leiblichen Eltern und deren Familien kennenzulernen, zu verstehen und konkret zu helfen. Betroffene können viel unmittelbarer betroffen machen. Was sollte ich da noch aus der Beobachterperspektive anfügen, zumal Amy Dean selbst immer wieder von sich Abstand nimmt, sich von außen beobachtet, reflektiert und ihre Gefühle und Gedanken mitteilt.
Ich formulierte meine Aufgabe dann so, daß ich versuchen wollte, die Anliegen von Amy Dean aus der Sicht eines Familientherapeuten zu unterstützen, daß ich aufmerksam machen wollte auf die

Implikationen einer Adoption, den Betroffenen Mut zu machen, ihre berechtigten Anliegen ernst zu nehmen und Rückenwind zu geben, das zwar mit viel Seelenarbeit verbundene, aber lohnende Risiko einzugehen. Das heißt konkret, daß die leiblichen Mütter ihre verlorenen Kinder suchen und die Kinder die verlorenen Eltern. Und auf der anderen Seite wollte ich den Adoptiveltern Mut machen, den Kindern so früh wie möglich reinen Wein einzuschenken und sie, wenn die Kinder den Wunsch signalisieren, auf der Suche nach ihrer Herkunft aktiv zu unterstützen.

Es kostet Überwindung

Wie sehr ich selbst, wenn auch nur als Bruder und Sohn, betroffen bin, habe ich erst im ganzen Ausmaß während des Schreibens dieses Nachworts gefühlt. Nichts beeinflußt das Leben von Adoptierten nachhaltiger als die Geheimhaltung ihrer Herkunft. Ein solches Geheimnis gab es auch in meiner Familie. Und ich spüre, wie ich innerlich in Loyalitätskonflikte komme, wenn ich es Sie als Leser wissen lasse. Ich weiß, daß ich damit meiner Mutter etwas zumute, die sich heute, 65 Jahre nach der Geburt meiner Halbschwester, immer noch schämt, und daß sie es am liebsten hätte, wenn niemand außer dem engsten Familienkreis davon wüßte. Ich erfuhr es erst als Student, daß ich eine Halbschwester habe, die zehn Jahre älter ist als ich.

Meine Mutter brachte sie, von ihren Eltern stark unter Druck gesetzt, weit entfernt von zu Hause zur Welt und gab sie dann etwas später in großer seelischer Not in eine Pflegefamilie. Eine gutsituierte Familie wollte die Tochter haben, vorausgesetzt, meine Mutter verzichtete auf jeden Kontakt zu der Tochter. Das wollte meine Mutter nicht. So kam sie in eine andere Pflegefamilie, die den Kontakt zur leiblichen Mutter erlaubte.

Es dauerte viele Jahre, bis ich meinen Ärger überwand, daß mir die Existenz einer Schwester so lange vorenthalten worden war, und bis ich sie aufsuchte. Sie war damals schon Mutter von fünf Kindern und mehrfache Großmutter. Kurz nachdem wir uns zum erstenmal gegenüberstanden, sagte sie den mir unvergeßlichen Satz: »Jetzt werden wir endlich eine richtige Familie!« Und als sie mir erzählte, daß sie oft, wenn ein junger Mann auf der Straße an ihrem Haus vorbeiging, gehofft hatte, ich könnte es sein und zu ihr kommen, habe ich mich geschämt, so lange gewartet zu haben.

Wir haben seitdem keine innige Beziehung. Ich habe sie aber als zu meiner Familie zugehörig in mich aufgenommen und später auch ihren Vater und ihre Pflegeeltern. Seitdem habe ich ein Gefühl größerer Vollständigkeit und Ruhe. Erst vor einem Monat habe ich jetzt erfahren, daß sie nicht nur zu Pflegeeltern kam, sondern auch von diesen adoptiert wurde und einen neuen Namen bekam. Es paßt zu diesem Buch, und ich erlebe es wie eine

Fügung, daß sie jetzt, 65 Jahre nach ihrer Geburt, übermorgen zum erstenmal an einem Fest unserer Familie teilnimmt: dem 85. Geburtstag unserer Mutter.

Jedes Schicksal ist einzigartig

In den letzten 15 Jahren ist eine wachsende Literatur über Adoptionen und ihre unterschiedlichen Aspekte, Facetten, Formen, Ausprägungen, Verläufe und Auswirkungen entstanden. Große statistische Studien aus vielen Ländern haben sich mit den Entwicklungen in Adoptionsfamilien und spezielle mit den Adoptivkindern befaßt, zum Beispiel in bezug auf deren Kontaktfähigkeit, Verhaltensauffälligkeiten und ihre schulische beziehungsweise berufliche Entwicklung. Mit deren Ergebnissen werde ich mich hier nicht auseinandersetzen, zumal die Studien zu widersprüchlichen Ergebnissen kommen. Es kann nicht verwundern, daß sich viel mehr Studien mit Adoptivfamilien befaßten, die in Schwierigkeiten geraten waren, und daß es kaum Untersuchungen von Familien mit adoptierten Kindern gibt, in denen alle Beteiligten die Entwicklung als sehr befriedigend erlebten. Von diesen jedoch könnte man vermutlich viel lernen, wenn man sie fragte, wie sie das geschafft haben. Über das Schicksal von abgebenden Müttern gibt es meist nur Einzelschilderungen oder Selbstberichte, und die Existenz der leiblichen Väter wird erst seit wenigen Jahren ansatzweise zur Kenntnis genommen.

In all diesen Studien mit ihren vermeintlich objektiven Zahlen und Prozenten gehen aber die Einzelschicksale unter – und damit das Menschliche, die berührenden und ergreifenden Lebensgeschichten aller Beteiligten. In ihnen geht unter, wieviel Unsicherheiten und schmerzliche Gefühle zum Beispiel auch dann über lange Jahre erlebt wurden, wenn das adoptierte Kind es gut in der neuen Familie hatte und sich altersentsprechend entwickelte. Kürzlich erzählte mir zum Beispiel eine Adoptivmutter in einem Familiengespräch, wie sie gemeinsam mit der 14jährigen angenommenen Tochter geweint und getrauert habe, daß diese nicht in ihrem Bauch gewesen sei.

Je länger ich mit Familien arbeite, die Kinder abgaben oder aufnahmen, und mit den Adoptierten selbst, um so mehr berührt mich die oft auf den ersten Blick gar nicht sichtbare innere Not, in der sich die Beteiligten langdauernd befinden oder befunden haben, die Liebe und Loyalität der adoptierten Kinder und der oft bewundernswerte Einsatz vieler Adoptiveltern, die trotz ausgeprägter Schwierigkeiten fest an ein Gelingen und an einen guten Ausgang glauben und sich dafür engagieren. Hochachtung empfinde ich auch für diejenigen, die in Adoptionsvermittlungs- und -beratungsstellen arbeiten und sich den Herausforderungen der offenen oder halboffenen Adoption stellen. Meist sind es Frauen.

Wenn ich jetzt einige Aspekte, Implikationen und Folgen von Adoptionen beschreibe, weiß ich, daß auch ich verallgemeinere, der jeweils spezifischen Situation jeder einzelnen Familie nicht gerecht werde und daß sich die Adoptiveltern gelegentlich auch kritisch betrachtet fühlen können. Ich hoffe aber, daß sich alle Beteiligten auch verstanden fühlen und wahrnehmen, daß mir die Lösung wichtiger ist als die Probleme.

Wenn man sich die schwierigen Ausgangssituationen bewußtmacht, in denen Adoptionen meist geschehen, ist es im nachhinein erstaunlich, wie gut alle Beteiligten diese Situation und ihre Folgen häufig meistern und trotz der inneren und äußeren Krisen, die beinah unausweichlich ihr Leben mitbestimmen, ihr Leben erfolgreich gestalten. Betrachten wir einmal die einzelnen Menschen des beteiligten Adoptionsdreiecks:

1. Da ist zunächst die leibliche Mutter, die aufgrund ihrer unsicheren Situation (jugendliches Alter oder in Berufsausbildung, mangelnde Unterstützung durch die Eltern und die Herkunftsfamilie, unklare oder unbefriedigende Partnerbeziehung, nach einer flüchtigen sexuellen Beziehung oder einer Vergewaltigung, in großer wirtschaftlicher oder sozialer Not) ein Kind selbst weggeben will. Diese Frau wird unter Druck gesetzt, das Kind wegzugeben, oder so-

gar gegen ihren Willen von Behörden gezwungen, es abzugeben, da sie und/oder der leibliche Vater nicht in der Lage ist, das Kind verantwortungsbewußt zu versorgen und aufzuziehen. Der leibliche Vater ist in diese Situation oft nicht mit einbezogen. Ihm wird keine Verantwortung zugemutet. Oft ist er nicht einmal informiert.

2. Dann gibt es ein Ehepaar, das ein Kind verloren hat oder ungewollt kinderlos ist, meist eine Serie enttäuschter Erwartungen hinter sich hat und eine Odyssee mißlungener Versuche, ein Kind zu bekommen. Es hat kränkende Prüfungen über sich ergehen lassen müssen, ob es für eine Adoption geeignet ist. Die Partner haben mit ihrem Schicksal gehadert. »Warum wird uns ein Kind als Ausdruck unserer Liebe und gemeinsamen Zukunft vorenthalten?« »Warum hat meine Mutter nicht gemerkt, daß ich einen Hodenhochstand hatte und mich operieren lassen?« Oder: »Warum mußte gerade ich eine Eileiterentzündung bekommen?« Entweder steigerten sich die Selbstzweifel, und resignative, depressive Gefühle nahmen zu, oder man richtete den Ärger nach außen und beschuldigte Ärzte oder Familienangehörige. Wurde bei der Ursachensuche festgestellt, daß der Mann oder die Frau keine Kinder bekommen kann, hat einer von beiden eine besondere Kränkung erlitten und fühlt sich geschwächt und mit einem

Makel versehen. Die Beziehung droht aus dem Gleichgewicht zu geraten, die Ebenbürtigkeit geht verloren. Ließen sich, wie es bei einem Drittel der Fälle tatsächlich zutrifft, keine konkreten Ursachen finden, liegt die Annahme nahe, daß mit der Beziehung selbst (vor allem mit der sexuellen) etwas nicht in Ordnung ist oder daß seelische Gründe vorliegen. Auch diese Überlegungen führen ihrerseits zu Teufelskreisen von Verunsicherungen. »Habe ich den richtigen Partner gewählt?« »Wird die Partnerschaft bestehenbleiben?«

Ist dann erst einmal soviel eingesetzt und soviel Hoffnung investiert worden, scheint ein Umkehren, ein Verzicht und eine Akzeptanz der Kinderlosigkeit kaum mehr möglich. Immer verbissener wird für dieses Ziel gekämpft, und oft können auch die Ärzte nicht aufgeben und halten mit immer neuen und eingreifenderen Prozeduren diesen Prozeß in Gang. Das Bekommen eines Kindes wird als das alles Heilende und Lösende ersehnt, und der Wunsch nimmt einen immer größeren Raum der Aufmerksamkeit ein und erreicht eine unangemessene Bedeutung im Leben des Paares.

Im Hintergrund besteht zudem oft eine alte existentielle Verunsicherung (zum Beispiel durch frühere Verluste), und ein Kind erscheint nun als ein verläßlicher und sinnstiftender »Besitz«, der Stabilität verleiht und Ausgleich verspricht.

Die Kinder bekommen in solchen Situationen die Aufgabe, die Einsamkeit eines Elternteils zu mildern, Liebe und Geborgenheit zu geben, nicht Gelebtes und nicht Erreichtes auszugleichen oder Gegensätze zu überbrücken. Das Kind wird »parentifiziert«, das heißt, es soll den Eltern das geben, was sie von ihren eigenen Eltern nicht bekommen haben oder was ihnen das Leben vorenthalten hat.

Es ist also ein gewaltiger Unterschied, ob ein Ehepaar die Not eines verlassenen Kindes sieht und sich um es kümmert, oder ob ein Kind vor allem Verluste und Defizite kompensieren soll. Eine Adoptivmutter drückte das Dilemma dieser Situation treffend aus: »Das Problem der jetzigen Adoptivpraxis besteht m.E. darin, wie zwei ›Defizite‹ miteinander verkoppelt werden … Auf der einen Seite ungewollte Kinderlosigkeit, auf der anderen ungewolltes Kind; ausgerechnet durch die Vermittlung sollen beide Probleme gelöst werden.«[*]

3. Das Glied in der Kette, das am wenigsten Einfluß auf die Vorgänge nehmen kann, auch wenn es nicht einseitig Opfer ist, sondern die Situation und den Gang der Dinge auch aktiv mitgestaltet, ist das Kind, das abgegeben und aufgenommen wird. Auch wenn es bald nach

[*] Gemeinsame Zentrale Adoptionsstelle (GZA): *Adoptierte auf der Suche nach ihrer Herkunft*, Hamburg 1993, S. 52.

der Geburt abgegeben wird, erlebt es dennoch einen Verlust an Vertrautem. Es hat sich während der Schwangerschaft an seine Mutter gewöhnt, an ihre Stimme, ihre Stimmung und ihren Lebensrhythmus. Erst seit einigen Jahren wird allgemeiner zur Kenntnis genommen, was Forscher schon seit langem postulieren, daß nämlich die Zeit vor der Geburt für die Entwicklung eines Kindes viel prägender ist, als man es bisher angenommen hat.

Kommt das Kind in einem späteren Alter in eine Adoptivfamilie, hat es meist schon wiederholte Verluste, Mangelsituationen und/oder Trennung von nahen Bezugspersonen erlebt und seine Erwartungen, Vorstellungen und Verhaltensweisen darauf eingestellt. Angesichts dieser Erfahrungen fällt es ihm schwer, anderen Menschen spontan zu vertrauen. Die Bindungsforschung hat anhand von Videoaufnahmen eindrücklich dokumentiert, wie unterschiedlich sich bindungssichere Kinder und solche, die keine stabilen Beziehungen in der frühen Kindheit aufbauen konnten, verhalten, wenn die Mutter sich für eine Zeitlang von ihnen trennt und dann wiederkommt. Die bindungsunsicheren Kinder lassen sich äußerlich nichts anmerken und zeigen eine forcierte Selbständigkeit. So kann es nicht erstaunen, daß es in Familien, die Kinder erst im Schulalter aufnehmen, häufiger zu Beziehungsschwierigkeiten kommt.

Am Beginn ihrer Beziehung stehen also sowohl für die Adoptivkinder wie auch für die Adoptiveltern vielfältige Verunsicherungen. Es gibt keine Selbstverständlichkeit. Die Adoptiveltern wollen, wenn sie schon keine eigenen Kinder bekommen konnten, sich jetzt wenigstens als gute Eltern erweisen und keine »Eltern zweiter Wahl« sein. Niemand soll ihnen das Kind wieder wegnehmen oder ihnen Vorwürfe machen, sie hätten als Eltern versagt. Das Gedeihen des Kindes wird zum Beweis, daß sie keine Mängelwesen sind. Die Folge ist, daß die Adoptiveltern viel in das angenommene Kind investieren und es manchmal *zu* fürsorglich behandeln und beschützen oder große Erwartungen an es haben und von ihm besondere Leistungen fordern.

Die Kinder ihrerseits erleben, wenn sie von der Adoption wissen, ihre Situation im Vorschulalter oft noch als eine Auszeichnung, als etwas Besonderes, das sie von anderen Kindern unterscheidet. Mit zunehmendem Alter wird ihnen aber bewußt, daß sie weggegeben wurden. Sie fühlen sich nicht gewollt, nicht geliebt, zurückgewiesen, weggeschickt, wie Strandgut, »Sperrmüll« und »Secondhandkinder«, mit einem Stigma belastet. Amy Dean hat all diese Gefühle einschließlich Wut, Zorn, Einsamkeit, Verzweiflung und Machtlosigkeit eindrücklich beschrieben und all die Fragen, die dann auftauchen, aber oft nicht gestellt oder nicht beantwortet werden.

Den Adoptiveltern, die sich intensiv bemühen, ganz normale Eltern zu sein oder zu werden, entsprechen die adoptierten Musterkinder, die sich anpassen, genügen wollen und so tun, als sei die Adoption nicht geschehen. Ebenso sensibilisiert wie die Adoptiveltern wollen auch sie nicht noch einmal versagen. Sie wollen gefallen und alles tun, um nicht noch einmal weggeschickt zu werden. Nur nicht noch eine Enttäuschung! Sie fühlen sich angewiesen, brauchen Beachtung und reagieren gleichzeitig wie verstört, wenn sie unvermittelt Nähe und Intimität erleben.

Die gespielte Normalität ist aber brüchig, der Schein trügt. Je intensiver versucht wird, so zu sein wie andere Familien, um so doppelbödiger und unechter gestaltet sich das Zusammenleben. Ambivalente und widersprüchliche Gefühle müssen unterdrückt und Konflikte können nicht mehr ausgetragen werden.

Was geschieht, wenn das Kind auffällt?

Es ist viel leichter, das leibliche Kind bedingungslos zu lieben und besondere Wesenszüge, Eigenarten und ungewöhnliche Verhaltensweisen zu tolerieren, zu übersehen, anzunehmen und zu mögen. Das Kind ist ja die Eltern selbst. Mit den Genen haben sie, ohne die Zusammensetzung steuern zu können, sich selbst ganz gegeben, und aus dem Eigenen ist ein einzigartiger, neuer Mensch geworden.

Wird ein Kind adoptiert, existiert diese Selbstverständlichkeit nicht mehr. Ähnlichkeit und Vertrautheit sind nicht automatisch da, sondern müssen durch gemeinsames Leben gestaltet und entwickelt werden. Fremdsein und Anderssein sind Normalität. Aber beide, Adoptiveltern und Adoptivkinder, wollen gerade nicht auffallen und wollen sich zugehörig fühlen. Da ist es verständlich, daß die Adoptiveltern insgeheim auf mögliche Anzeichen von Fehlentwicklungen und anderen Veranlagungen achten und daß die Adoptivkinder die neuen Eltern skeptisch beäugen und vergleichen, ob sie sie auch wirklich lieben und gleich behandeln wie leibliche Kinder. Es fehlt einfach das verbindende Material und die Kontinuität einer gemeinsamen Geschichte und eines gemeinsamen Erbgutes.

Entdecken nun die Adoptiveltern oder andere an den Kindern Besonderheiten, wie zum Beispiel vermeintliche oder tatsächliche motorische oder psychische Entwicklungsverzögerungen, abweichende Verhaltensweisen, oder tauchen Schwierigkeiten in der Schule auf, besteht die Gefahr, daß diese Abweichungen zu starke Beachtung finden, zuviel Bedeutung gewinnen und zu schnell und zu intensiv versucht wird, die Abweichung zu beseitigen. Gelingt das nicht, ist das Kind kein normales

Kind mehr. Die Eltern beginnen an ihren Erziehungsfähigkeiten zu zweifeln, und das Kind fühlt sich kritisiert und bezweifelt seinerseits, am richtigen Platz zu sein. Solange die Kinder noch klein sind, fühlen sie sich angewiesen und wagen es nicht, zu protestieren und die Beziehung zu den Adoptiveltern offen in Frage zu stellen. Manche merken aber vielleicht, wieviel Aufmerksamkeit sie mit einem symptomatischen Verhalten, zum Beispiel mit körperlichen Symptomen, auf sich ziehen können und geben diese Verhaltensweisen dann nicht mehr so gern auf.

In der Pubertät und Adoleszenz jedoch fühlen diese Kinder sich nicht mehr so ohnmächtig ausgeliefert und abhängig. Gleichzeitig erfahren sie, daß sie mit ausagierendem Verhalten besonders viel in Bewegung bringen, daß sie Macht und Einfluß auf andere ausüben können. Sie merken, daß sie selbst handelnd gestalten und andere zum Handeln bringen können. Viele beginnen dann, die Eltern zu testen und zielsicher auf die Probe zu stellen. »Werde ich geliebt, auch wenn ich schlimm bin und die Puppen tanzen lasse? Halten die Eltern auch dann zu mir?« Sie fürchten, weggeschickt zu werden, und gleichzeitig provozieren sie, daß es wieder geschehen kann. Aus dem Kind, das früher versuchte, es immer allen recht zu machen, wird in der Pubertät oft ein Kind, das sich unkooperativ, heftig rebellierend und unzugänglich zeigt. Die krisenhaften Zuspitzungen in der Vorpubertät bis in die Adoleszenz stellen die

Adoptiveltern auf eine harte Probe, und es ist immer wieder erstaunlich für mich, mit wieviel Geduld und Ausdauer viele Adoptiveltern die Herausforderungen annehmen und auch überstehen. Manchmal, so meine ich, sind sie zu geduldig, zu hinnehmend und zu nachgiebig.

Diese Kämpfe werden verbissener und unversöhnlicher ausgefochten, wenn das Kind spät von seiner Adoption erfährt und sich durch diese Nachricht hintergangen und getäuscht fühlt. Es scheint sich dafür zu rächen, daß die Adoptiveltern offenbar versuchten, die leiblichen Eltern auszuklammern, sie auf diese Weise abwerteten oder sie zumindest für unwichtig erachteten und sich wie selbstverständlich an ihre Stelle setzten.

Wann immer es zu solchen Entfremdungen kommt, gleich, in welchem Alter, besteht die Gefahr, daß sich in diesen Phasen gegenseitiger Enttäuschungen die Adoptiveltern überfordert fühlen und schließlich als Ursache der kindlichen Verhaltensweisen entweder Schäden bei deren Geburt, Mängel in deren Erbgut und folglich in deren Charakter oder seelische Schäden durch die Erlebnisse in der Zeit vor der Adoption vermuten. Sie beginnen zu zweifeln, ob es richtig war, das Kind adoptiert zu haben, und ob sich der Einsatz noch lohnt. Schließlich überlegen sie insgeheim oder auch offen, ob sie die Adoption wieder rückgängig machen sollten.

Das Adoptivkind spürt diese Zweifel, die es selbst

auch hat, und schützt sich vor der Verletzung, indem es sich unnahbar und stark zeigt und sich seinerseits distanziert. Offen oder heimlich beschäftigt es sich nun oft vermehrt damit, die leiblichen Eltern zu suchen. Schließlich macht sich das Kind tatsächlich auf die Suche, oft auch gegen den Willen der Adoptiveltern. Führt die Suche nach den leiblichen Eltern noch einmal zu Enttäuschungen, sind diese Jugendlichen besonders gefährdet, selbstdestruktiv zu reagieren. Sie können an Alkohol oder Drogen geraten, antisoziales oder kriminelles Verhalten zeigen oder auch Selbstmordversuche unternehmen. Viele von ihnen landen in kinder- oder jugendpsychiatrischen Abteilungen.

Die Geheimhaltung der Adoption und ihre Folgen

Aus Scham- und Schuldgefühlen, aus falsch verstandener Rücksichtnahme und egoistischen Gründen werden im Adoptionsdreieck häufig Informationen vorenthalten oder unklar und verfälscht weitergegeben. Die leiblichen Mütter schämen sich wegen der meist nichtehelichen Geburt und der Weggabe des Kindes, fühlen sich von ihrer eigenen Familie abgelehnt und alleingelassen und wagen es nicht, über ihren Schmerz und ihre Verzweiflung mit anderen zu sprechen.

Die aufnehmenden Ehepaare, die sich für eine anonyme Adoption entschieden haben, beginnen oft, sobald sie ein Kind bekommen haben, ihre Kinderlosigkeit zu verleugnen. Sie verhalten sich so, als sei es immer ihr Kind gewesen und löschen die Vorgeschichte des Kindes aus. Das Kind gehört nun ihnen, bekommt einen neuen Vor- und Nachnamen, und alles, was an ein Davor erinnert, wird ausradiert und ausgespart. Das kann schwerlich gutgehen. Bei tausend Gelegenheiten muß dann getrickst, das Kind hinters Licht geführt, abgelenkt oder ausgeklammert werden. Diese doppelte Buchführung kann dem Kind aber nicht verborgen bleiben.

Die Kinder selbst reagieren verunsichert und irritiert, merken, daß etwas nicht stimmt, nehmen gleichzeitig durch die abwehrenden und abweichenden Antworten der Eltern auf Fragen, wie zum Beispiel nach der Schwangerschaft, der Geburt, nach Ähnlichkeiten etc., das Tabu wahr und befürchten Sanktionen für den Fall, daß sie die Wahrheit wirklich wissen wollen. Was ihnen bleibt, ist die Flucht in Phantasiewelten, einem weiten Spektrum von Horrorszenarien bis zu Glücksvisionen.

Allen Beteiligten fehlt aber die Möglichkeit, sich über ihre inneren Zweifel, die schmerzlichen und ambivalenten Gefühle auszutauschen. Es gibt keinen Raum für die Verarbeitung der schwierigen Erlebnisse. Die Lebenswelten driften auseinander. Sprachlosigkeit und Schweigen nehmen zu und damit die Gefühle von Einsamkeit und Verlassensein. Von den Adoptionsvermittlungsstellen schließlich werden Informationsfluß und Gefühlsaustausch behindert und Geheimnisse gefördert, wenn sie gutgemeint Inkognito-Adoptionen unterstützen, gutheißen oder durchsetzen. Was wie ein Schutz der leiblichen Mutter vor Schande, ein glücklicher Neuanfang für die Adoptionseltern und eine außergewöhnliche Möglichkeit für das Kind aussieht, sich ungetrübt entwickeln zu können, erweist sich oft als Bumerang und führt zu tragischen Verstrickungen und unnötigem Beziehungsclinch.

Maja von Beyme, eine erfahrene Adoptivvermittlerin, meint dazu: »Ich halte die Inkognito-Adoption, bei der abgebende und aufnehmende Eltern einander nicht kennen, für alle Beteiligten des Dreiecks (leibliche Eltern – Kind – Adoptiveltern) inzwischen für schlichtweg verhängnisvoll.«*

Das Grundrecht, seine wahre Herkunft zu kennen

Aus heutiger Sicht ist es kaum noch nachzuvollziehen und zu verstehen, daß es auch rechtlich so lange für richtig gehalten wurde, Inkognito-Adoptionen durchzuführen, dem Kind die Informationen über seine Abstammung und den leiblichen Eltern und deren Verwandten Informationen über den weiteren Lebensweg des Kindes vorzuenthalten und einseitig die Bedürfnisse der Adoptiveltern

---

* Maja von Beyme: »Von der Inkognito- zur offenen Adoption«, in: *Familiendynamik* 18, H. 4, S. 371-385; hier S. 371.

in den Vordergrund zu rücken. Es mag gelegentlich auch heute noch gute Gründe dafür geben, eine Inkognito-Adoption durchzuführen. Dennoch erstaunt es mich als Therapeuten, wie häufig sie heute tatsächlich noch praktiziert wird. Immerhin ist mit dem 1977 eingeführten Adoptionsrecht das Recht auf Kenntnis seiner Abstammung offiziell rechtlich anerkannt. »Wenn es Grundrechte gibt, dann ist ein Grundrecht das Recht des Kindes auf seine Eltern und auf seine Sippe.«*

Wer mit Adoptivfamilien und -eltern gearbeitet hat – Amy Dean beschreibt das exemplarisch –, hat immer wieder die fast instinkthaft-intensive Sehnsucht der Adoptivkinder miterlebt, ihre Eltern (besonders die Mutter), die Umstände ihrer Zeugung, Schwangerschaft, Geburt, ihrer Abgabe und die Familiengeschichte der Eltern zu kennen. Maja von Beyme befragte 50 adoptierte Erwachsene und stellte fest, daß sich *alle* intensiv mit ihrer Herkunft beschäftigt hatten und daß dieser Bereich einen sehr großen Raum über die ganze Kindheit und Jugend hinweg eingenommen hatte. Zu den bewegendsten Momenten in meinem beruflichen Leben als Familientherapeut zählen die Stunden, in denen Kinder ihren leiblichen Eltern nach einer langen Zeit der Kontaktlosigkeit durch meine Vermittlung zum erstenmal wieder begegnen.

* Bert Hellinger: *Ordnungen der Liebe. Ein Kursbuch*, Heidelberg: Carl-Auer-Systeme 1994, vor allem S. 332-365.

Was sind nun die Schlüsse und Konsequenzen, die aus all dem zu ziehen sind?

1. Es ist richtig und gut, wenn mit den abgebenden Müttern (wenn möglich auch mit den Vätern) und den aufnehmenden Eltern ausführlich über das gesprochen wird, was auf sie zukommt, und wenn die möglichen Folgen von Adoptionen offengelegt werden. Alle Beteiligten sollten gut darauf vorbereitet sein, welche Herausforderungen auf sie zukommen können. Hier sind Selbsthilfegruppen abgebender und aufnehmender Eltern eine gute Möglichkeit.

2. Wenn ein Kind abgegeben wird, sollte erst in der Herkunftsfamilie der leiblichen Eltern geprüft werden, ob jemand von den Familienmitgliedern bereit ist, das Kind aufzunehmen. Geschieht das nicht, hält Bert Hellinger diese Adoptionen für leichtfertig: »Das wird entweder mit einem Partner oder mit einem Kind bezahlt.« Die Adoptiveltern lieben dann das Kind »wie die Räuber ihre Taler«.* In diesem Sinne ist es auch leichtfertig, wenn eine abgebende Mutter ihr Kind heimlich zur Welt bringt, ihre Familie nicht informiert und sich nicht darum bemüht, in ihrer eigenen Her-

---

* Gunthard Weber (Hg.): *Zweierlei Glück. Die systemische Psychotherapie Bert Hellingers*, Heidelberg: Carl-Auer-Systeme 1993, vor allem S. 74-89.

kunftsfamilie einen Platz für das Kind zu finden. Den Weg des geringsten Widerstandes zu gehen, kann hier viel Leid für das Kind nach sich ziehen.

3. Grundsätzlich wäre zu überlegen, ob man die Adoption nicht ganz abschafft und nur noch Pflegeverhältnisse zuläßt. Das würde von Anfang an für klare Verhältnisse sorgen. Die neue Familie wäre keine normale Familie, sondern eine besondere, wie zum Beispiel die von alleinerziehenden Eltern und Kindern oder die zusammengesetzten Familien nach einer Wiederverheiratung: Familien mit besonderen Herausforderungen, anderen Regeln und besonderen Chancen.

4. Wenn Adoptionen vorgenommen werden, sollten sie, wenn immer möglich, offen oder halboffen durchgeführt werden. Halboffen heißt, daß der Austausch von den leiblichen Eltern und deren Familien zu den Adoptiveltern über einen Adoptionsberater oder eine andere Person läuft und sich die leiblichen und die Adoptiveltern vor der Adoption eventuell bei dieser Person unter anderem Namen treffen. Bei der offenen Adoption gibt es direkte telefonische oder briefliche Kontakte und eventuell auch Treffen zwischen den leiblichen Eltern und den Adoptiveltern. Natürlich ist auch mit offenen und halboffenen Adoptionen nicht allen Schwierigkeiten vorgebeugt. Hier kommt

es sehr darauf an, verläßliche Regeln zu entwikkeln, an die sich alle zu halten bereit sind, und immer wieder gemeinsam zu verhandeln, wo man jeweils steht und wie es weitergehen soll.

Schaut auf die Lösung!

In der Familientherapie haben wir erfahren, daß die sicherste Methode, sich in Beziehungsschwierigkeiten zu verwickeln, die ist, andere zu pathologisieren, einseitig auf Defizite zu schauen und dann zu versuchen, die Person zu ändern. Beziehungen gedeihen in einer Atmosphäre wechselseitiger Anerkennung und Bestätigung der Individualität und der Bedürfnisse des anderen und wenn das Nehmen und Geben ausgeglichen ist. Auf die Vorgänge bei Adoptionen bezogen heißt das, daß die ganz unterschiedlichen Bedürfnisse aller Beteiligten respektiert und anerkannt werden müssen. Bis es dann zu Lösungen kommt, die von allen getragen und unterstützt werden können, bedarf es einer geduldigen und verläßlichen Begleitung, vor allen Dingen angesichts der verständlichen Verletzbarkeit und der Schwierigkeit, Vertrauen zu fassen.

Bert Hellinger hat eindrucksvoll beschrieben, welche verhängnisvollen Folgen es haben kann, wenn in einer Familie Sippenmitglieder vergessen, verleugnet und ausgestoßen werden: Die Schicksale der Ausgeklammerten werden von

Nachgeborenen nachgeahmt, und es kommt zu tragischen Verstrickungen und schlimmen Schicksalen. Anders gesagt: Das adoptierte Kind fühlt sich vollständiger und energiereicher, wenn alle, die dazugehören (die Adoptiveltern, die leiblichen Eltern und deren Familien, also auch Großeltern, Tanten, Onkel und Halbgeschwister), im Herzen des Kindes einen guten Platz haben. Paradoxerweise fühlen sich aber Adoptiveltern oft bedroht, wenn die Kinder sich auf die Suche nach ihrer Herkunft begeben. Wir können aber immer wieder feststellen, wie dankbar diese Kinder sind, wenn die Adoptiveltern ihren leiblichen Eltern einen würdigen Platz einräumen und sie die Kinder auf der Suche nach ihnen aktiv und liebevoll unterstützen. Wie bei Amy Dean ist es dann am Ende meist so, daß diese Kinder den Adoptiveltern emotional näherstehen und eine tiefe Dankbarkeit empfinden für das, was die Adoptiveltern für sie getan haben.

Die Konsequenz ist also, die Adoptionen so offen wie möglich zu gestalten, und wenn die leiblichen Eltern dies verweigern, von ihnen soviel Informationen wie möglich zu erhalten und zu bewahren, einschließlich Fotos, Briefen und Berichten über die Zeugung, Schwangerschaft, Geburt und die Geschichte der Herkunftsfamilien (auch über die oft als böse abgestempelten Väter!), damit das Kind, falls es sich später auf die Suche begibt, möglichst viel über seine Herkunft erfahren kann.

Bezüglich der Frage, wann man einem früh adoptierten Kind mitteilen sollte, daß es adoptiert wurde, vertrete ich die Auffassung, es so früh wie möglich zu tun, spätestens aber, wenn es Fragen nach seiner Babyzeit stellt und Fotos sehen willen. Je länger gewartet wird, desto größer wird die Gefahr, daß die Enttäuschung und der Ärger über die Täuschung wächst. Ebenso wichtig ist es, daß die gegebenen Informationen den Tatsachen entsprechen und nicht verfälscht werden, weil sich die Kinder daran meist sehr genau erinnern. Unklare Botschaften fördern das magische Denken, klare Aussagen bannen eher die gefürchteten Ausgänge. Es ist gut, spezielle Rituale zu entwickeln für die Situation der Adoption.

Ich habe zum Beispiel gerade die Anzeige eines Ehepaares erhalten, in der es Freunden und Bekannten mit einem frohen Dreierfoto kundtut, daß sie an einem bestimmten Tag ein zweijähriges Kind angenommen haben. Dieses Kind hat jetzt die Möglichkeit, seinen Geburtstag und den Ankunftstag in der Familie zu feiern und damit beide Elternpaare zu achten. So kann die »doppelte Staatsbürgerschaft« zu einer Bereicherung werden. Angesichts der Ängste, Loyalitätskonflikte und ambivalenten Gefühle erfordert die Unterstützung des Kindes auf der Suche nach seiner Herkunft viel Feingefühl und Geduld. Wie bei der Mitteilung des Adoptiertseins die Adoptiveltern die Entscheidung selbst fällen müssen und man sie nicht unter Druck

setzen sollte, so ist es auch hier gut, nichts zu forcie-
ren und zu warten, bis das Kind von sich aus die not-
wendigen Schritte unternimmt oder um Hilfe bittet.
Außenstehende können hier nur ihre Bereitschaft
bekunden, erlauben, ermutigen, zur Verfügung stehen und sich als Begleiter anbieten. Und wenn die
Entscheidungen anders gefällt werden, als man es für
richtig hält, ist das auch zu respektieren.
Ich habe viel geschrieben über die Besonderheiten
der Adoptionsfamilien. Oft ermutige ich Adoptionseltern aber geradezu, diese Kinder weder zu
sehr als behinderte Sensibelchen zu behandeln,
noch ihnen einen Sonderstatus oder Sonderrechte
zuzubilligen, sondern sie als Familienmitglieder
mit gleichen Rechten und Pflichten wie die anderen auch zu behandeln. In der Arbeit mit Familien,
in denen es zu sich steigernden Eskalationen und
zunehmenden gegenseitigen Enttäuschungen und
Entfremdungen zu kommen droht, betone ich das
Gemeinsame, die gegenseitige Liebe und die Zu-
gehörigkeit des Kindes zu diesen Familien, auch
wenn es sich so sehr nach den »eigentlichen« Eltern
sehnt. Dieses Sowohl-als-Auch statt eines Entwe-
der-Oders führt oft zu erstaunlichen Entlastungen
und erleichtertem und freudigem Sich-wieder-
Entgegengehen.

Im Leben wird vor'm Happyend gewöhnlich
abgeblend't

Dies ist eine Zeile aus einem Gedicht von Kurt Tucholsky. Auch für Amy Dean gab es kein Happyend, und das ist gut so, denn es entspricht genau dem, was sich meist wirklich ereignet. Sie fühlte sich nach den inneren und realen Auseinandersetzungen mit ihren Adoptiveltern und ihren leiblichen Eltern aber gekräftigt und lebensbejahender und konnte das, was sie bekommen hatte, mehr schätzen.

Ich freue mich, daß dieses Buch jetzt auch in deutscher Sprache zu lesen ist und bin sicher, daß es dazu beitragen wird, alle an Adoptionen Beteiligten besser zu verstehen, und daß diese selbst auch leichter gute Lösungen finden werden.

Dr. Gunthard Weber